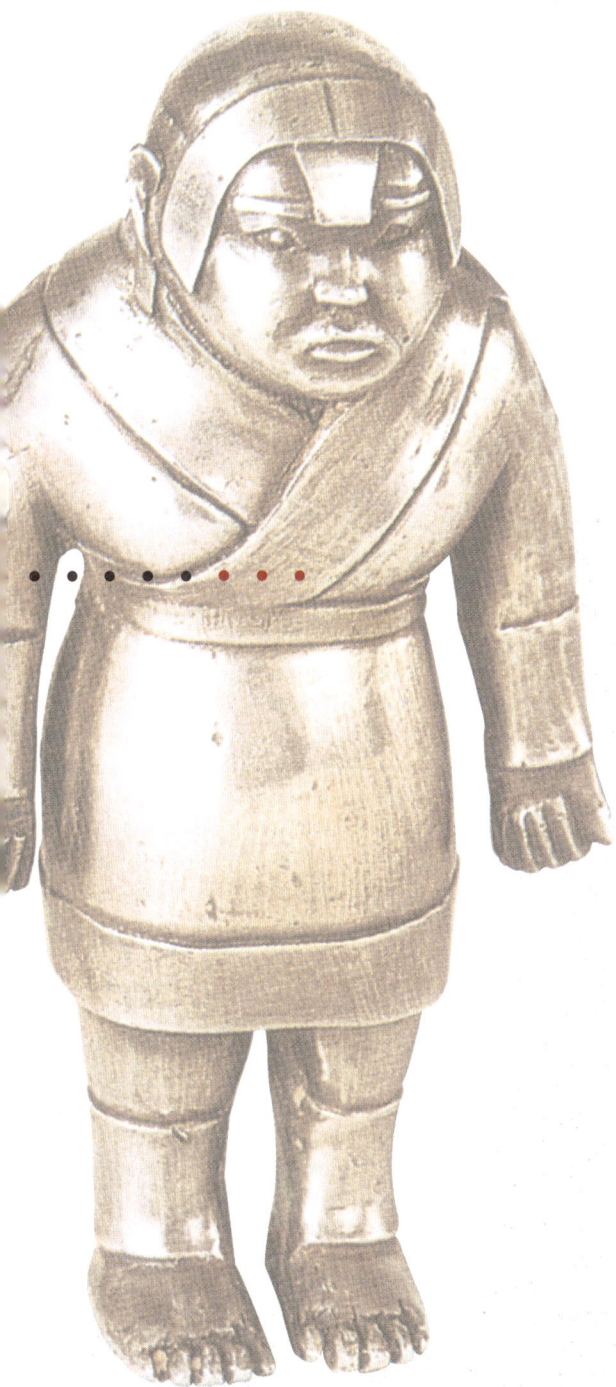

话说中国

列国争雄（上）

公元前403年至公元前221年的中国故事

陈祖怀 著

上海故事会文化传媒有限公司
上海锦绣文章出版社

U0733030

总顾问：李学勤
总策划：何承伟

本卷顾问：李学勤

主编：　刘修明
副主编：陈祖怀

正文作者（按卷次先后排列）

《创世在东方》　　　杨善群　郑嘉融
《诗经里的世界》　　杨善群　郑嘉融
《春秋巨人》　　　　陈祖怀
《列国争雄》　　　　陈祖怀
《大风一曲振河山》　程念祺
《漫漫中兴路》　　　江建忠
《群英荟萃》　　　　顾承甫　刘精诚
《空前的融合》　　　刘精诚
《大唐气象》　　　　刘善龄　郭　建
　　　　　　　　　　郝陵生
《变幻中的乾坤》　　金尔文　郭　建
《文采与悲怆的交响》程　郁　张和声
《金戈铁马》　　　　程　郁　张和声
《集权与裂变》　　　胡　敏　马学强
《落日余晖》　　　　孟彭兴
《枪炮轰鸣下的尊严》汤仁泽

辅文作者（按姓氏笔画排列）

马学强　田　凯　田松青　仲　伟　江建忠
刘善龄　刘精诚　汤仁泽　杨善群　李　欣
李国城　李登科　张　凡　张和声　陈先行
陈祖怀　苗　田　金尔文　郑嘉融　宗亦耘
孟彭兴　赵冬梅　秦　静　顾承甫　徐立明
殷　伟　郭立暄　崔海莉　程　郁　程念祺

图片提供

文物出版社、河南省博物院等单位
及（按姓氏笔画排列）　田　凯　田松青
仲　伟　孙继林　李国城　何继英　陈先行
欧阳爱国　殷　伟　徐吉军　郭立暄　郭灿江
崔　陟　翟　阳　薄松年等
本页长城照片由郑伯庆拍摄

梦想与追求

何承伟

为最广大读者编一部具有现代意识的历史百科全书

出版说明

> 中国是一个拥有五千年灿烂文明史、又充满着生机与活力的泱泱大国。中华民族早就屹立于世界的东方，前赴后继，绵延百代。

> 作为中国人，最为祖国灿烂的过去与崛起的今天感到骄傲。

> 作为中国的出版人，应义不容辞地以宏大的气魄为广大热爱中国历史的读者，承担起传播这一先进文化的责任：努力使中国历史文化出版物，与中国这样一个拥有五千年文明史的过去相适应，与当代中国日新月异的发展现实相适应，与世界渴望了解中国的需求相适应。

> 人民创造了历史，历史又将通过我们的出版物回赠给人民，使中华民族数千年积累起来的灿烂文化成为当今中国人取之不尽的思想宝库，让更多的读者感悟我巍巍中华五千年光辉历史进程和整个中华民族灿烂的文明成果。

> 为此，我们作了大胆的探索：以出版形态的创新为抓手，大力提高这套中国历史读物的现代意识的含量，使图书能够真正地"传真"历史；以读者需求为本位，关注现代人求知方式与阅读趣味的变化，把高品位的编辑方针和大众传播的形式有机结合起来，独辟蹊径，创造一种以介于高端读物与普及读物的独特的图书形态，努力使先进的文化为最广大的读者所接受。

> 经过多年的努力，这套融故事体的文本阅读、精彩细腻的图片鉴赏、便捷实用的检索功能于一体的中国历史百科全书——《话说中国》终于将陆续与读者见面。这套书计15卷，卷名分别为：《创世在东方》、《诗经里的世界》、《春秋巨人》、《列国争雄》、《大风一曲振河山》、《漫漫中兴路》、《群英荟萃》、《空前的融合》、《大唐气象》、《变幻中的乾坤》、《文采与悲怆的交响》、《金戈铁马》、《集权与裂变》、《落日余晖》和《枪炮轰鸣下的尊严》。

> 在《话说中国》这部书里，你将看到以故事体文本为主体的感性与理性的统一。

> 现代人对历史的感悟，最能产生共鸣、最能感到激动的文学样式是什么，是故事。是蕴涵在故事里的或欣喜或悲切或高亢或低回的场面。这些经典场面令人感慨唏嘘，荡气回肠。记住了一个故事，也就记住了一段历史。故事是一个民族深沉的集体记忆，容易走进读者的心灵世界，它使读者在随着故事里主人公的命运起伏跌宕之时，不知不觉地与中国历史文化进行了"亲密接触"，从而让历史文化的精华因子，潜移默化地影响着我们的行为，净化着我们的心灵。因此，《话说中国》以故事体的文本作为书的主体。同时，它还突破了传统历史读物注重叙述王朝兴衰的框架，以世界眼光、一流专家学者的史识来探寻中国历史的发展脉络与规律；以密集的信息，弥补故事叙述中知识点不足的局限，从而使故事的感性冲击力与历史知识的理性总结达成高度的统一。它让读者既见树木，又见森林；既享受了故事所带来的审美快感，同时又能寻绎历史的大智慧。

> 在《话说中国》这部书里，你将看到互为表里的图与文的精彩组合。

> 当今社会已进入"读图时代"，这一说法尽管片面，但也反映了读者的需求。在这套书里的图片与通常以鉴赏为主的图片有很大不同：

> 图片内容涵盖面广。这些图片能够深入再现历史现实，立体凸现每一不同历史时期社

会生活各方面的发展变化。透过生动的"图片里面的故事"，可以体味其中蕴涵着的深刻内容，堪称是历史文化的全息图像。它们与故事体文本相关联，或是文本内容的画面直观反映和延伸，或是文本内容的背景补充，图与文珠联璧合，相得益彰。同时，纵观整套书的图片又分别构成了一个个独立的专门图史，如服饰图史、医药图史、书籍图史、风俗图史、军事图史、体育图史、科技图史等等。

> 图片的表现形式极其丰富。这套书充分顾及现代读者的读图口味，借助现代化手段尽量以多种面貌出现，汇集了文物照片、历史遗址复原图、历史地图与示意图、透视图以及科学考古发掘现场照片在内的3000余幅图片。既有精炼简洁的故事，又有多元化的图像，读者得到的是图与文赋予的双重收获。

> 创造了一种新的读图方式。书中的图片形象丰富，一目了然，具有"直指人心"的震撼力，但在阅读过程中，尤其是在欣赏历史文化的图片中，这种震撼力很难使读者感悟到。原来他们是凭自己的文化底蕴和生活积累在品味和理解书中的图片。两者一旦产生矛盾，就不可能碰撞出火花。本书作为面向大众的出版物创造了一种全新的阅读环境：改造我们传统的图片的文字说明，揭示图片背后的信息，让读者在读完这些文字后，会产生一个飞跃，对第一眼所看到的图片有一种新的发现和新的认识。

> 在《话说中国》这部书里，你将看到一个充满数字化魅力的历史百科知识体系。

> 数字化给我们的社会生活带来了许多崭新的变化，作为文化产品的创新也不例外。为此，我们在这套信息密集型的中国历史百科全书里，大量运用了在电脑网络上广泛使用的关键词检索方式，以关键词揭示故事内核，由此来检索和使用我们的故事体文本与相关知识性信息。这套书的信息化、网络化、数字化，充分表现了中华民族不但有自强不息的过去时，前进中的现在时，而且还有充满希望的将来时。

> 一则故事，一幅图片，一个关键词，都是某个有代表性的"点"，然而这个点不是孤立的存在，而是一个有意义的叙事单位。它是中华民族的文明亮点，折射了我们民族的文化性格。把这些亮点连接起来，就会构成一条历史之"线"，而"线"与"线"之间的经纬交织，也就绘成了历史神圣的殿堂。点、线、面三维一体，共同建构着上下五千年的民族大厦。

> 著名科学史家贝尔纳曾说："中国在许多世纪以来，一直是人类文明和科学的巨大中心之一。"我们知道，印刷是中国引以为骄傲的四大发明之一，中国出版在世界出版史中，曾留下许多脍炙人口的灿烂篇章。然而近代中国出版落后了，以至于到今天与发达国家相比，无论是在出版技艺上，还是在出版理念上，都存在着不小的差距。我们在本书的出版过程中善于学习、消化与借鉴，"洋为中用"，充分发挥"后发优势"，努力把世界同行在几十年中创造的经验，学习、运用到这套书的编辑过程中，以弥补两者之间的差距。事实证明，只要我们努力了，只要我们心中有了读者，我们一样可以后来者居上。

> 中国编辑中的一位长者曾说过这样一段话："我们没有显赫的地位，却有穿越时空的翰墨芬芳；我们没有殷实的财富，却有寄托心灵的文化殿堂。"

> 在编辑这套书的过程中，我们深深感到，中国历史文化太伟大了，无论你怎样赞美，都不为过；中国历史文化又太神奇了，无论你以何种方式播种，都会有意想不到的收获。今天，我们所撷取的，只不过是其中的一朵小花，还有更多更美的天地需要人们进一步去开拓。

现代人与历史

上海社会科学院研究员　刘修明

总　序

〉 历史与现代人有什么关系？历史对现代人有什么用？这并非每一个现代人都能正确回答的问题。

〉 过去的早就过去了。以往的一切早已灰飞云散，至多只留下遗迹和记载。时光不能倒流，要知道过去干什么？历史无用的混沌和蒙昧，不是个别现象。在科学技术高度发达的现代社会，人们更易对远离现实的历史轻视、淡漠。对历史无知而不以为然的人，不在少数。

〉 不能简单地指责这种现象。一旦通过有效途径缩短了现代人和历史的距离，人们就会从生动形象的历史中取得理性的感悟，领悟历史的哲理，开发睿智，从而加深对现代社会文明的认识，使现代人的认识和实践达到一个新的层次。那时，人们就会有一个共识：历史和现代是承续的。历史是现代人生存和发展不可缺少的内容。历史和现代人是不可分的。

〉 祖国的历史是一部生动的、博大精深的启迪心智的教科书。中国历史是独树一帜的东方文明史。承载中华文明的中国历史，在她形成发展的曲折而漫长的过程中，从未中断过（不像埃及、两河流域、印度文明或中断或转移或淹没）。她虽然历尽坎坷，备尝艰辛，却始终以昂首挺立的不屈姿态，耸立在亚洲的东方。即使从19世纪上半叶开始的对中华文明一个多世纪的强烈冲击和重重劫难，也没有使曾创造过辉煌的中华文明沉沦，反而更勃发了新的生机。中国的历史学家从孔子、左丘明、司马迁开始，持续不断地以一种不辜负民族的坚韧精神，把中华民族放在辉煌与挫折、统一与分裂、前进与倒退、战争与和平、正义与邪恶的对立统一的辩证过程中，将感悟到的一切，记录在史册上。以一笔有独特美感并凝结高超智慧的精神财富，绵延不绝地传承给一代又一代炎黄子孙，从而成就了中华民族及其创造的文明的沿续和发展。中华文明的创造和中国历史的记载是不可分的。中国历史是兼容时空又超越时空的中华文明有形和无形的载体。

〉 英国哲学家培根说过："历史使人明智。"历史的经验是前人付出巨大的代价（甚至生命的代价）才总结出来的。历史经验包蕴着发人深思的哲理。要深刻地了解现实，理智地面对将来，就应当自觉地追溯历史。现代人只有了解历史，才能感受历史启迪现

实的无穷魅力。唯有从历史的经验与哲理感知杂乱纷纭的现实，才能体会历史智慧的美感和简洁感。

> 这种由历史引发的智慧、魅力和美感，对丰富一个人的生命内涵，提升人的素质，是非常重要的。我们强调人的素质，但素质的基本内涵是什么，却未必很清楚。我认为，人文素质应该是人的素质的基本内涵。一个人的人文素质是由他所属的民族几千年文化创造的基因，积淀在他的血液和灵魂中形成的。以文史哲为主体的人文教育，对人的素质提高具有特别的价值。而中国历史往往又是文史哲三位一体的糅合和载体。只重视外语、电脑教育而忽视人文教育的偏向应引起重视并加以纠正。这种素质教育应当起步于一个人的青少年时代。对祖国的热爱，民族自信心的树立，正确的人生观、价值观的确立，都离不开对祖国历史的了解。只有这样的人，才能立志报效祖国和中华民族，并以他们的不断传承和新的创造，继续为人类文明的发展作出新的贡献。在共同文化血脉上发展起来的13亿中国人和5000万在世界各地的华人，都应有这样的共识，都应承担这样的责任。

> 了解祖国的历史，可以从简明的历史教科书入手，也可以从浩瀚的史籍中深究。关键是引起读者的阅读兴趣。我们这里提供的是一本图文并茂用故事形式编写的中国历史。中国有一本几乎家喻户晓、发行量达几百万册的出版物：《故事会》。这是上海文艺出版总社的名牌刊物，在社会上有很大的影响。何承伟先生从几十年编辑的成功实践中，提出了这样一部以图文并茂的故事形式并包含巨大信息量的中国历史百科全书的设想。在众多学者的参与和合作下，成就了这样一部新体裁的中国通史《话说中国》。它生动形象、别开生面的编写方式，使包括老中青在内的现代中国人，都可以轻快地从这部书中进入中国历史宏伟的殿堂，从中启迪心智，增加知识，开拓眼界，追溯历史，面对未来。它把传统的教育和未来的展望，有机而和谐地结合在一起，引导当代中国人顺应悠久古老的中国文明融注世界发展的现代潮流，以期为世界的文明发展作出新的贡献。我们相信，凝聚了几十位学者和编者多年努力的这部书，一定会为这种贡献尽其绵薄之力，发挥其应有的作用。

目录

出版说明

梦想与追求——为最广大读者编一部具有现代意识的历史百科全书　004

何承伟

一位从事出版工作 30 年的资深编辑对出版创新的领悟和尝试

总序

现代人与历史　006

刘修明

著名学者解析中华历史如何与现代读者对话，现代人如何走进历史深处

专家导言　010

李学勤

战国史专家谈其对战国历史的最具心得的研究精华

把中国历史的秀美景致尽收眼底　012

本书导读示意图

前言　016

公元前 403 年至公元前 221 年

变法改革促进大发展的时代——战国

陈祖怀

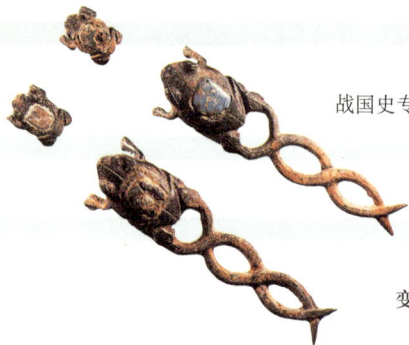

战国故事 99 篇，金戈铁马，气吞河山，波诡云谲，纵横捭阖，人性偾张，百花齐放，惊心动魄地反映了这一历史时期社会各阶层、集团，及个人为生存、发展而不屈不挠、开拓前进的生动场景。

〇〇一　墨子智斗公输般　024

助楚攻宋，还是维持和平，二位宗师斗智斗勇

〇〇二　义士豫让　027

感智伯知遇之恩，义士豫让以死相报

〇〇三　西门豹治邺　030

权势者敛财无耻编造，西门豹治邺破除迷信

〇〇四　魏文侯选相　032

人才立国，道德为基，李悝提出五项标准

〇〇五　田子方出语惊人　035

谦受益，满招损

〇〇六　白圭的经商策略　037

经商也有辩证法："贵出如粪土，贱取如珠玉"

〇〇七　一代名将吴起　040

别母杀妻为升官，吴起仕途艰难

〇〇八　吴起伏尸　043

权贵者可以杀我，但逃不脱死后的惩戒

〇〇九　聂政杀韩相　046

聂政舍身取义，聂荣为弟留名

〇一〇　稷下学宫盛况　048

二千三百多年前的中国人才高地

〇一一　惠施多方　050

学而优则仕，仕而优则学，布衣卿相的千古佳话

〇一二　申不害走后门　052

作风浮躁，学问浅薄，主持改革，贻害国民

〇一三　论琴拜相　054

齐威王九年不鸣，贤邹忌借琴劝谏

〇一四　齐威王纳谏　057

对镜整衣冠，齐国君臣悟出忠言难得

○一五 整顿吏治动真格　058
数字出政绩，只等升官；清廉遭恶谤，世道好还

○一六 淳于髡智谏齐威王　060
诙谐幽默，顺耳忠言

○一七 治国三术　062
秦孝公锐意改革，公孙鞅提出三个方案

○一八 立木为信　065
搬木悬重赏，公孙鞅做政治广告

○一九 诈俘公子卬　068
出卖朋友，换取功名，商鞅一锤子搞定

○二〇 车裂之刑　070
严刑峻法伤人心，商鞅临终无人同情

○二一 画蛇添足　072
齐客卿陈轸以说故事退楚兵，技艺惊人

○二二 景鲤脱险　074
座上宾转眼成了阶下囚，楚使臣智慧自救

○二三 田忌赛马　075
原本十赌九输，顷刻间反败为胜

○二四 围魏救赵　077
桂陵之战孙膑出奇策

○二五 马陵大捷　079
孙膑一战成名，魏齐强弱易势

○二六 邹忌陷害田忌　083
将相争斗，最终于国不利

○二七 齐貌辨报恩　084
靖郭君厚待齐貌辨，齐貌辨排难为恩人

○二八 "海大鱼"　086
田婴暴虐百姓，谏言超过三字处死刑

○二九 孟母三迁　088
孟母注重教育环境，为儿成才搬家三次

○三〇 秦齐争夺九鼎　090
秦王灭了周室，却只得到了八个鼎

○三一 缘木求鱼　092
孟子借物喻事，倡"王道"推恩以保四海

○三二 庄子的蝴蝶梦　094
物我齐一，寓理于事，先哲以大道教人

○三三 韩宣惠王受骗　098
秦攻韩，韩求楚，三方都想渔翁得利

○三四 献地阴谋　100
张仪无耻，楚王无智，贪婪促成了外交欺诈

○三五 张仪圆滑处世　103
楚怀王欲将张仪雪恨，提出用黔中之地作交换

○三六 屈原的悲壮历程　106
身为忠臣却生不逢时，自沉汨罗江以明心志

○三七 庄𫏋农民大起义　110
横行天下，聚党数千，百姓从来不可欺

○三八 公孙龙的诡辩术　112
"白马非马"的处世哲学

○三九 赤县神州　114
阴阳五行学派的大师，中国的代名词由他创始

○四〇 息壤之盟　118
秦武王派甘茂进攻韩国，借盟誓订下平等协议

○四一 武王举鼎　120
秦武王逞勇举神鼎，不料力竭命殒

○四二 信陵君请罪　122
缩高以死取义，人格力量使权贵低头

○四三 向胡人学习　124
战车、长袍不适应形势，赵武灵王决心向胡人学习

○四四 相国与宠妃　126
长相忠厚的相国司马喜原是个大奸人

○四五 秦穰侯专权　130
拥立有功，拓疆有劳，以权谋私也有名

○四六 沙丘之乱　132
赵武灵王，因处事不当，终被困辱而死

○四七 冯驩讨债　133
政坛凶险，忠仆为孟尝君预留退路

○四八 狡兔三窟　136
落难时分显妙计，冯驩让孟尝君东山再起

○四九 慕名求相　138
秦昭襄王钦佩孟尝君，提出同齐湣王换相

○五〇 狗盗鸡鸣　142
本领贵在有用，不在雅俗之分

聚焦：公元前403年至公元前221年的中国 146

专家导言

中国先秦史学会理事长　清华大学教授　李学勤

> 战国时期是中国历史上分裂最严重持久的时期之一。《战国策》刘向叙录说:"万乘之国七,千乘之国五,敌侔争权,盖为战国。""力功争强,胜者为右,兵革不休,诈伪并起。"经过长时期的战乱,西方的秦国凭借强大的经济、军事力量,先后兼并了东方六国,建立起中央集权的秦朝。

> 政治史上充满了战乱和分裂,然而在文化史上,这一时代却是前所未有的繁花绚丽的黄金时代。从春秋晚期到战国,是人们所熟知的"百家争鸣"的伟大时代。诸子百家的涌现,使思想文化的面貌为之一新。学派的流传分布有其地域上的特点:如儒家起于鲁国,传布于齐、晋、卫;墨家始于宋国,传布于鲁以至楚、秦;道家起源于南方,后来在楚国和齐、燕有不同分支;法家起源于三晋,盛行于秦;阴阳家在齐国较多,随后在楚、秦等国都有较深影响;纵横家则多出于周、卫等地,周游于各国之间。这个时代可与西方历史上的古典希腊媲美,在科学、哲学、历史、艺术、文学等各方面都出现了杰出的人才,取得了丰硕的成果。

> 文化的繁荣是以生产力的发展为基础的,当时生产力发展的主要标志是铁器的普遍使用。河南辉县发现的魏国铁器,河北易县发现的燕国铁器等等,数量既多,品种又复杂,表明铁已普遍用做农业和手工业工具。特别是铁农具的多种多样,殊是令人惊异。铁器的普遍应用,特别是使用铁工具的犁耕农业的兴起,导致了整个社会经济结构的改革。

> 当时科学技术的兴盛,也堪与西方的古希腊相辉映。从考古发掘的许多精美绝伦的器物,都可以推想到当时科学技术的高涨。在近年出土的简帛中有很多宝贵的科技史材料,尤以马王堆帛书为最。佚书的内容涉及很多科学门类,大大丰富了人们对古代科

技的认识。这些佚书，有相当一部分是战国著作的传本。

> 周初大规模的分封制，后来逐渐变为郡县制，即由列国的中央政权任命地方官吏，并定期予以更换的制度，这是政治史上有利于中央集权的一大变革。到战国时期，各国都在推行郡县制。传世与出土的战国古玺，不少是县一级官吏的玺印。在这时的兵器上，每每也刻有郡县官吏署名的铭文。同时，许多货币上的地名，也是县的地名。这些古文字文物，都是郡县制发展普及的实物证据。

> 近年开展的大规模勘查和试掘，逐步揭示出这一时期列国都邑的繁荣景象。《史记·货殖列传》所形容的古代都会，曾受到一些怀疑，现在已为考古工作所证实了。这些大城市的结构是异常复杂的，在统治者的宗庙宫寝、楼台殿阁以外，有各种官署、仓库等设施，有分门别类的手工业作坊，有商贾集中的市场。大城市一般是政治中心，也是工商业和文化的中心。

> 古代中国人口的数目，据西晋皇甫谧《帝王世纪》一书的估算，夏禹时有1350余万人，周成王时有1370余万人。到战国时期，战祸频仍，"推民口数，尚当千余万"。而秦兼并诸侯，"其所杀伤，三分居二"。他所记夏、周人口数字没有确切根据，对战国至秦代战争影响的估计也过于严重。从考古学来看，东周时期的大小城市发展很快，其数量和规模都不是前此所能比拟的，所以这一时期的户口应当是增长的。据记载，齐都临淄战国时有21万人，其他大城市的人口可能也与之相侔。

> 事实证明，战国时代在经济、政治、军事、文化、科学技术等方面都有长足的进步，是中国历史上发展迅速、成就辉煌的时期之一。因此，对它的学习和研究是十分有意义的。

本书导读示意图

《话说中国》作为融故事体的文本阅读、精彩细腻的图片鉴赏于一体的中国历史百科全书，其中包含着无数令人神往的中国历史的秀美景致，它们经纬交织，互为表里，形成了中华民族上下五千年的灿烂文明。

如同游览名山大川离不开导游和地图的指点，通过以下图例的导读提示，读者定能够尽兴饱览祖国历史美景，流连忘返。

随时感受历史文化的魅力与编纂创意的匠心

整个版面构成充分体现出本书以故事体文本为主体的特点，体现出本书作为历史百科全书的知识信息密集、图文并重的特点，使读者在本书任何一个页面上，都能感受到历史文化的魅力与编纂创意的匠心。

导读、段落标题与编号，
能更好地理解故事精髓，更好地运用故事

为了更好地理解故事，在实际学习生活中运用故事，本书在故事体文本中，特地为读者准备了故事导读、故事段落标题与故事编号等三个重要内容。故事导读是概述故事精要，它与故事段落标题，都是为了让读者更好地理解故事的精髓，同时让读者以一种轻松便捷的方式快速获得文本重要信息。

人物、典故和关键词具有很大信息量和实用性

在每一则故事中，都有故事核心内容（即故事内核）、故事人物等基本要素。本书将此提炼出来，标注在每则故事的右上角（加上故事来源），使之具有很大的信息量和实用性。

建构多元、密集的知识性信息，
构成了全书另一个重要组成部分

以密集的信息，弥补故事叙述中知识点不足的局限，从而使故事的感性冲击力与历史知识的理性总结达成高度的统一。它让读者既见树木，又见森林；既享受了故事所带来的审美快感，同时又能寻绎历史的大智慧。如"中国大事记""世界大事记""历史文化百科"和图片说明文字等专栏中的有关内容，都是经过精心选择的练达的知识板块，既是历史知识的精华，又是广泛体现"活"的历史，体现当时社会人生百态，体现当时寻常百姓的寻常生活。

再现历史现实的图片系统

图片内容涵盖面广泛，能够深入再现历史现实，观赏效果细腻独到，立体凸现了每一不同历史时期社会生活各方面的发展变化。透过生动的"图片里面的故事"，可以体味其中蕴涵着的深刻内容，堪称是历史文化的全息图像。

《话说中国》以精美绝伦的文字和图片，将中华民族最可宝贵的民族精神和生生不息的文化传统，演绎得生动而传神。看了这张导读图，你就开始一程赏心悦目的中国历史文化之旅吧。

● 故事标题。

● 故事编号：与"人物""典故""关键词"等相联系。

公元前 783 — 前 780 年

中国大事记

秦司马错攻取楚黔中，楚原汉北及上庸之地诸乘。

○七二

暗藏玄机

"张禄"被秦昭襄王打发住人馆驿，走也不是，留也不是，转眼过了个年余。此时的昭襄王却为朝中权力纷争弄得一筹莫展。原来昭襄王少年即位，朝政由母后执掌。宣太后为巩固自己的统治，将自己的两个弟弟一个封为穰侯，一个封为华阳君，同掌秦国大权，渐渐长大的秦昭襄王为了分散他们的势力，将两位胞弟分别封为泾阳君和高陵君。想不到这么一来，反而刺激两位舅舅更加疯狂地争起权来，昭襄王碍于每而不便过于干预，于是此消彼长，昭襄王自己的权力反倒逐渐缩小了。这回，丞相穰侯申通太后，又给他出了道难题：提出要出兵攻打齐国刚、寿二城。

范雎听到这消息，意识到这是个难得的机遇，就给秦王写了封信。在信的结尾处暗藏玄机。大意是说：大王的统治现有危机存在，由于书信的局限，实质性的话不便说，一般性话不屑说，大王如能召见，定尽所欲言使大王满意，如不能使大王满意时当死罪。这封藏头露尾的信引起了昭襄王的兴趣，他正需要听明白人的指点，于是马上传令在离宫召见"张禄"。

远交近攻

"张禄"得秦昭襄王赏识，被委以重任，他提出"远交近攻"国策，被昭襄王采纳，兼并六国的历程真正开始了。

交浅言深

范雎见昭襄王在离宫召见，心中已明白大半，定是如约来到离宫，径直向秦王进宫专用的水巷闯去。秦王正好此时驾到，太监先到水巷清道，见到范雎，大声驱赶道："大王来了！"范雎假装糊涂说："秦国独尊太后、穰侯，哪有大王？"这话正巧被昭襄王听到，顿觉话里有话，立刻恭恭敬敬地迎入宫中。

昭襄王令左右退下，向范雎作揖致礼后，轻声问道："先生有什么高见可指点寡人？"范雎见问，"哦，哦"两声并不答话。秦昭襄王以为他未听清，提高嗓门又问了一遍，范雎仍然只是"哦，哦"两声，一连三次，昭襄王不禁纳闷了，停了一会，重新向范雎施了一礼，诚恳地说："是先生以为寡人不可教？"范雎见火候已到，就回答说："从前姜尚候文王出主意，文王得了天下，姜尚与封文王时，而比干给纣王出主意，反招杀身之祸，……

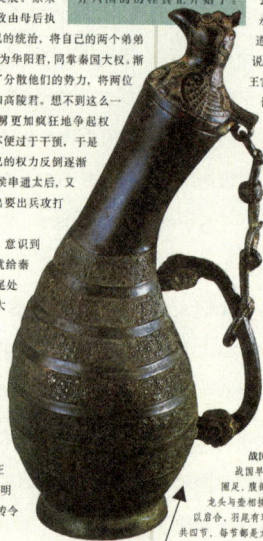

战国鸟盖瓠壶

我国早期青铜器，呈圆形、长颈倾斜，敞敞圈足，腹部有一大鋬，作凤鸟形，鋬上下各有一龙头与壶相接。盖龙鸟头、连接细部体躯，鸟嘴可以启合，羽虽有环与链相套，盖的另一端与鋬相合，链共四节，每节都是龙身自然，造型特殊。

● 图片：涵盖面广泛，能够深入再现历史现实。纵观整套书的图片，又分别构成了一个个独立的专门图史。

中国大事记：以每卷所在历史年代为起止，精选与故事相应相近年代的中国历史文化重大事件，以此体现中国历史发展的基本脉络。

故事导读：概述故事精要，更好地理解故事精髓。

世界大事记：以中国大事记为参照，摘选相应年代的世界各国历史文化重大事件，以此体现本书"世界性"的理念。

人物、典故、关键词、资料来源：将故事的人物、关键词提炼出来，标注于此（加上故事来源），使之具有很大的信息量和实用性。

故事段落标题：揭示本段故事主题，具有阅读提示和增加阅读悬念的作用。

历史文化百科：是精选的历史文化百科知识，分别涉及政治、经济、文化、科技等十余个知识领域。

图片说明文字：深入揭示图片"背后"的历史文化内涵，读完这些文字，就会对图片有新的发现和新的认识。

以直观的表格形式，便于读者对分散信息作系统的查考。

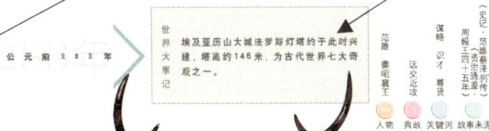

公元前 283 年

世界大事记：埃及亚历山大城法罗斯灯塔约于此时兴建，塔高约146米，为古代世界七大奇观之一。

范雎

远交近攻

人物　典故　关键词　故事来源

祸。原因何在？就因前者信任，后者不信任。我初次见大王，大王对我不了解，我要说的也不是一般之言。古人说'交浅言深'是肇祸根源，我担心自己也犯此大忌，招来杀身之祸。"秦昭襄王说："寡人已屏退左右，可见对先生的信任，寡人能得到先生的教导，是上天对寡人的恩惠，务请先生畅所欲言，上及太后，下至群臣，都可大胆批评，寡人一定洗耳聆听！"

远交近攻

范雎见昭襄王如此推心置腹，很是感动，但毕竟是初交，不敢造次，近夸有无懈侯的耳目，也心中无数，于是权衡了一下，决定先放下秦国内部事务不谈，着重谈外交策略。主意拿定后，范雎就起身对秦昭襄王拜了一拜，然后开口说道："大王，以秦国之强，几已达到所向披靡的境地，何以多少年来依然局

战国郡表

除国外，战国时期各国为加强边防，纷纷在边境设郡，直属中央政府。秦在兼并六国过程中，对新增地区，皆以郡设行政。其中部分郡有兴趣，大致情况如下：

魏国	河西郡、上郡、河东郡、方与郡、大宋郡(共5郡)
赵国	上党郡、雁门郡、云中郡、代郡、安平郡(共5郡)
韩国	上党郡、三川郡、上蔡郡(共3郡)
楚国	宛郡、汉中郡、新城郡、江东郡、上谷郡(共6郡)
燕国	上谷郡、渔阳郡、辽东郡、辽西郡、右北平郡(共5郡)
秦国	上郡、河东郡、汉中郡、巴郡、蜀郡、陇西郡、北地郡、南郡、南阳郡、陶郡、上党郡、黔中郡、太原郡、三川郡、东郡、颖川郡、云中郡、雁门郡、邯郸郡、巨鹿郡、广阳郡、上谷郡、渔阳郡、右北平郡、辽东郡、辽西郡、楚郡、泗水郡、九江郡、长沙郡、会稽郡、代郡、辽东郡、齐郡、琅邪郡(共36郡)

处潼关以西呢？最大原因恐怕在于外交策略的失误，向东发展的方针虽始终未变，但缺乏全盘考虑和明确计划，东一榔头西一棒，因而难以有大成就。比如最近决定攻齐刚、寿二城，就是明显的失误。"秦昭襄王见"张禄"开口就提到这件令他为难的事，不由心中一动，马上接口道："请先生指教！"范雎说："齐国离秦路途遥远，中间又隔着韩、魏两国。大王出兵攻齐，兵少难以取胜，既损失力量，又遭天下诸侯耻笑；兵多耗费巨大，攻下来也无法有效占领，韩侯之所以委刚、寿，乃因韩、寿与苏相封地陶邑接壤，此举对秦国的发展实有害而无利，以微臣之见，秦国角逐群雄，争霸天下，最好的策略可用四个字概

木雕梅花鹿（上图）

曾侯乙墓位于湖北随州，是我国早期曾国君主的墓葬，出土随葬品一万五千余件，这件木雕梅花鹿制钟架，头顶上的鹿角长长，几占椅面的三分之二强，使木雕身体显得奇特、野性，富有想象力。

历史文化百科

「重农抑商」思想政策

"重农抑商"是贯穿我国整个封建专制时代的重要思想政策，它萌发于春秋，成熟于战国，延及以后历代，它是中央专制集权政治的配套措施。其"重农"之农，包括小农及以小农为基础的农业经济，目的是稳定国家兵源、财源(赋税)与社会经济基础；其"抑商"之商，指的是商品经济与资本市场，在抑制商人资本对破产小农的盘剥、豪针的表层下，包含有防止政权对立面或异己力量出现的根本目的。

013

公 元 前 4 0 3 年 > >  > >公 元 前 2 2 1 年

前言

公元前403年至公元前221年
变法改革促进大发展的时代
战国

上海社会科学院历史所副研究员　陈祖怀

战国局面的形成和各国变法图强 〉"战国"一词出自汉刘向《战国策》。公元前403年，周威烈王册命韩、赵、魏列为诸侯，战国七雄局面正式形成。史书记载，春秋初期一百四十多家诸侯，经三百六十多年兼并，到战国初期仅剩二十余家，其中秦、楚、齐、赵、魏、韩、燕七国最强。诸侯少了，疆域大了，人口多了，战争的规模与烈度急骤上升。在彼此不间断的攻伐中，如何谋求生存，如何富国强兵，成为各国君臣的首要考虑。在此背景下，展开了战国时期的一系列变法改革运动。 〉最先实行变法的是魏国。作为"三家分晋"的直接参与者，魏文侯对晋室败亡的教训有切身感受。加之魏国在地理上处于四战之地，周边缺少天险屏蔽，益发加深了魏文侯的危机感。为增强自己的实力，他礼贤下士、任人唯贤，轻徭薄赋、善待百姓，先后起用了魏成子、翟璜、乐羊、吴起、卜子夏、田子方、段干木等一大批人才，开创了战国时代招贤纳士的风气。约公元前400年前后，魏文侯任李悝为相，实行变法，在政治、经济、社会治理上推出了一系列改革方案，连续实行几十年后，魏国成为战国初期最强大的国家。 〉继魏国李悝变法之后是楚国的吴起变法。约公元前395年，楚悼王擢吴起为令尹，主持楚国变法大计。吴起整肃权贵、裁汰贵族势力，鼓励生产，褒奖军功，增加国家收入，很短时期，就使楚国兼并了南方的广大地区。 〉魏、楚变法立竿见影，吸引各国群起仿效。赵国公仲连改革，韩国申不害变法，齐国邹忌革新，燕国乐毅、邹衍变法等，都直接促成了各国的强盛。但改革最为彻底且影响最为深刻的，还数秦国的商鞅变法。 〉战国初年，秦还是一个政治、经济相对落后的国家，被中原诸国视作夷狄，排除在国际交往之外。公元前362年，秦孝公继位后不甘现状，锐意改革，下令招贤。卫人公孙鞅入秦，被秦孝公任为左庶长，主持变法事宜。公孙鞅在政治、经济、社会管理上推出了一系列激进的改革措施，经前后二十余年的不懈努力，秦国大治，兵革强大，诸侯畏惧。公孙鞅也因功被封于商，由是习称商鞅。公元前338年，秦孝公去世，商鞅被保守势力车裂而死，但他的变法奠定了秦国统一天下的坚实基础。

中央集权制官僚政体的产生 〉 各国变法的核心，是对传统政治、经济体制的改革。

周朝开创以来的分土封侯制、世卿世禄制被极大削弱乃至取消，代之以新兴的中央集权制和文、武分列的官僚制。中央一级，于国君之下分置相、将，分掌文、武大权。相也称相国、相邦、丞相或令尹，为百官之长；相之下设御史、执法、司徒、司空、廷尉、少府等官，分掌兵、刑、钱、谷及工程、制作各事。地方一级，废除分封制，实行郡县制。郡设守，主管行政，另设尉，主管军事；郡下为县，县设令（长），掌行政，下有丞、尉，分管文书与军事。郡守、县令（长）均由国君直接任命，与土地封赏脱钩，实行俸禄制。县下有乡、里，乡有三老、廷掾；里设里正，一里之中又每五家为一伍，设伍长，两伍为一什，设什长，由此形成了一套由上而下完整的官僚系统。以往兵权分散于各级贵族领主手中，战时临时征调，不仅人员参差，作战体能、技能都包含太大的不确定因素。进入战国后，各国先后实行户籍制，对于"编户齐民"，实行军事化管理，通过垂直的行政系统，全部归属中央，遇有战争，以君令调动。统兵将帅由国君临时任命，以君王所颁符节为凭。

社会经济进一步发展 〉 战国时期世袭特权的瓦解，使社会的权与利开始泛化。铁工具

普遍使用带来的财富刺激，推动了社会生产力的飞速发展。无论从物质积累、生产扩大，还是从工艺水平、商品流通，几乎所有的行业都比春秋时期有了长足的进步。现有考古发掘证明，战国时期的农业技术已相当精致，在深耕熟耰、辨土施肥、把握农时、合理密植方面，均已达到相当高的科学水准。冶炼业方面，无论是冶铁还是铸铜、采矿，发掘现场展示的规模之大，工艺之精，器物之美，组织之严密，构思之巧妙，常令专家们瞠目结舌。漆器业、制陶业、车、船制造业、丝绸纺织业莫不如此。兴旺的农业，发达的手工业使商业达到了空前繁盛。战国时期各国货币的大量铸造及其流通，各国度量衡的渐趋统一，正是当时社会经济繁荣的客观标志。战国时期的城市因之而勃发，时人说："古者，四海之内，分为万国。城虽大，不过三百丈者；人虽众，不过三千家者。……今千丈之城、万家之邑相望也。"当时著

名城邑，有赵国的邯郸，魏国的温、轵，韩国的荥阳，燕国的涿、蓟，齐国的临淄，郑国的阳翟，周的洛阳及楚的宛、陈等，不胜枚举。如其中的临淄，住户七万，街市热闹，时人描绘："车毂击，人肩摩，连衽成帷，举袂成幕，挥汗成雨。"可见当时社会繁华之一斑。经济发达也促成了全国统一交通网络的形成。在当时各大城邑间，都有道路相通，所谓"诸侯四通、条达辐辏，无有名山大川之阻。从郑至梁，不过百里；从陈至梁，二百余里，马驰人趋，不待倦而至"，是为当时交通发展的生动写照。而其中折射的心态，是天下没有商旅到不了的地方的那份自信和舒坦。

七国争雄与"合纵连横" 〉

变法改革意在富国强兵，富国强兵志在兼并他人，于是，随着变法改革的深入进行，仗也越打越大。最早强大起来的魏国，在最初四五十年间四出征伐，东讨宋、齐，南攻郑、楚，北掠赵与中山，屡战屡胜，唯在西方遭到秦国的强硬抵抗。为避开秦军锋锐，公元前361年，魏惠王将都城从安邑（今山西夏县）迁到了大梁（今河南开封），沿西河筑长城，对秦取守势，集中兵力经略中原，宋、卫、郑、鲁等国都被魏国置于控制之下。公元前354年，魏国出兵伐赵，包围赵都邯郸。赵求救于齐，齐以田忌为将，孙膑为军师，以"围魏救赵"之计，在桂陵（今河南长垣）击败魏军。公元前342年，魏又进攻韩国，韩也求救于齐。齐又以田忌、田婴为将，孙膑为军师，以退兵减灶、诱敌深入之计，在马陵（今山东郯城）再次重创魏军，魏国精锐尽失。秦国乘机向魏国发动进攻，占领了具有重要战略意义的河西之地。魏国迭遭惨败，元气丧尽，面对咄咄逼人的秦国，不得不对中原各国转取友好政策。山（崤山）东诸国惧怕强秦东来，接受了魏国的善意，公元前334年，魏惠王、齐威王订立了同盟条约，史称"徐州相王"。不久，赵、燕、中山三国也加入盟会，史称"五国相与王"。〉"五国相与王"局面的出现意味着中原各国抗秦同盟的形成，因入盟各国地理位置南北纵列，故称"合纵"。为打破合纵局面，实施各个击破，秦王接受张仪的建议，提出了针锋相对的"连横"策略：在合纵诸国中寻找与国，与秦国结成东西横向同盟，拦腰斩断合纵势力。公元前322年，秦对魏国软硬兼施，遣使诱说辅以军事进攻，接连攻陷曲沃（今山西闻喜东北）、平周（今山西介休西），又重创韩军，斩首八万。魏国在得不到合纵各国有效援助下，被迫与秦国连横。消息传出，各国惊恐。公元前319年，赵、韩、燕、齐、楚策动魏国反秦势力发动政变，然后以楚怀王为"纵约长"，合兵攻秦，结果兵败函谷，合纵瓦解。秦国乘势反击，魏、韩不支，双双与秦国连横。〉秦、魏、韩三国连横成势，齐、楚两国便以"从亲"（结成儿女亲家）抗衡。秦为拆散齐楚同盟，派张仪赴楚，以"六百里"商於之地诱骗楚怀王绝齐亲秦。利令智昏的楚怀王信以为真，不料上当。怒而攻秦，又遭丹阳（今河南淅川）大败，主将屈匄、裨将逢侯丑等十余人被虏，八万甲士被杀。意气用事的楚怀王集中兵力与秦再战，结果又于蓝田惨败。随后，武关会盟中怀王被秦国诱捕，拘死于秦国。秦军乘势对楚国展开连续打击，公元前278年，秦将白起率军攻打楚都郢，久攻不下之后引河水灌城，楚国军民溺死者达数十万人，被迫迁都陈。次年，秦蜀守又攻取了楚国的巫郡与黔中郡。遭受连续重击的楚国从此一蹶不振。 >楚国的衰落使秦国消除了侧翼的威胁，于是改变连横策略，转而实行"远交近攻"政策：一方面设法拉拢远在东边的齐国、燕国；一方面对与其接壤的魏、韩、赵发动猛烈进攻。战争的重点也由夺取敌方的城邑变为更多地摧毁敌方的战斗力。公元前293年，秦将白起在伊阙（今河南洛阳市南）大败魏、韩联军，斩首二十四万，占领韩国五座城邑。公元前288年，秦昭王自称西帝，尊齐湣王为东帝，后虽各自取消了帝号，但中原各国受此挑拨与齐离心，合纵势力被彻底破坏。 >刚愎、昏聩的齐湣王不仅看不到秦军东来的威胁，反而将山东各国的衰弱看成是自己称霸的良机。他先利用燕国内乱之机袭破燕都，后又在扑灭桀宋时背弃信义，独占宋地，且南掠楚国的淮北，西侵三晋边邑，搞得民怨四起。公元前234年，经过二十八年发愤图强的燕昭王任乐毅为将，联合秦、楚、魏、韩、赵五国，大举伐齐，连下七十余城，直入齐都临淄，将齐国自姜尚以来积聚了六七百年之久的府库财宝焚掠一空，齐湣王逃亡途中被楚将所杀。后来虽经田单"火牛阵"大败燕军，收复失地，但齐国的元气再也没能恢复过来。

秦国统一天下 > 楚、齐两大强国的先后衰落，客观上使秦国形成独强局面。秦国开始集中力量向三晋，尤其是其中实力尚存的赵国发动凌厉攻势。公元前265年，秦军突袭韩国，切断上党郡十七县与韩本土的联系，然后与赵军在长平决战。赵王轻率地以毫无实战经验的赵括替换了老谋深算的廉颇，结果赵军大败，四十五万赵军投降后被全部活埋。后来虽经赵国信陵君"窃符救赵"，但精壮尽失的赵国已呈穷途之势。公元前256年，秦昭襄王兼并西周；公元前249年，秦庄襄王又灭了东周，周王室灭亡。 >公元前246年，秦王政（时年十三岁）继位。公元前238年，秦王亲政，镇压了嫪毐叛乱。次年又剥夺了吕不韦的相权，吕恐惧自杀。完全掌握了秦国大权的秦王政重用李斯与尉缭，开始并吞六国。金钱收买与军事进攻相结合，秦军势如破竹。公元前230年灭掉了韩国，五年后灭掉了魏国。

公元前403年至公元前221年
变法改革促进大发展的时代
战国

公元前223年，灭掉了楚国，次年灭掉了燕国、赵国。公元前221年，最后灭掉了齐国。秦王政兼并六国，不仅完成了对中原地区的统一，而且将西南少数民族地区、闽浙东南瓯越、闽越地区、两广及南越地区都纳入了全国统一的版图，还击退了北方匈奴族对中原地区的侵扰。中国从此由一个诸侯割据称雄的分封制国家，进入了一个中央集权的封建官僚专制国家的历史新时期。

"诸子百家"的出现与"百家争鸣"局面的形成 > 社会发展的客观需要与孔子的开创性劳动，使知识分子队伍迅速壮大。各国统治者为了笼络与利用这一社会力量，逐渐兴起了一股养士之风。著名的"战国四君子"：齐国的孟尝君、魏国的信陵君、楚国的春申君、赵国的平原君，门下都有食客三千人，其中绝大部分是学有专长的文武之士。卿大夫养士，各国诸侯也纷纷招贤纳士，从战国初年的魏文侯，到战国末年掌握秦国大政的吕不韦，身边无不士子成群。齐国稷下学宫规模恢宏，其鼎盛时期不同流派的数百上千名学者朝夕交流切磋，成为全国的知识高地。这是当时社会正处于转型之际，新旧阶级、各社会集团对天地万物、社会诸象作出不同解释、提出不同主张的客观反映，由此形成了"诸子百家"与"百家争鸣"的活跃景象。百家之"百"，不过极言当时学派之多，其中留存下来，且对后世影响最大的，有儒、道、墨、法、名、阴阳、兵、纵横、农、杂等各家。其中儒家的孟子、荀子，道家的庄子，墨家的墨子，法家的李悝、商鞅、申不害、韩非，兵家的孙膑、赵奢、尉缭，名家的公孙龙、惠施，阴阳家的邹衍，杂家的吕不韦，纵横家的鬼谷子，以及开创楚辞体裁的著名诗人、文学家屈原等都留下了不朽的著作，成为千古流传的人物。>"诸子百家"虽各有所宗、各持一说，但其阐发及归结的根本宗旨却无一例外，都围绕"人本"这一主题展开。他们之间的学术争鸣，使中国在春秋战国时期形成了一个无与伦比、璀璨辉煌的文化高潮与思想解放高潮。

春秋战国时期的科学技术 > 春秋战国时期是我国古代科学技术飞速发展时期，与生活密切相关的各个领域都取得了非凡的成就。如数学领域内十进位制记数法的运用，算筹与筹算法的发明，规矩的使用，勾股定理及其测量方法的发现等。特别是十进位制记数法的运用在世界上处于领先地位。印度直到公元六七世纪才开始采用十进位制记数法，而后经阿拉伯传入西欧。《易经》中的二进位制，则直接启迪了现代计算机之父莱布尼茨的卓越发明。>天文学至少在春秋战国时代已完成了以二十八宿为坐标的恒星体系构造。通过这一坐标系，太阳系五大行星（水、金、木、火、土）的运行及彗星、新星、流星的出现，都被一一准确地记载了下来。《春秋》中记录的三十七次日食，用现代科技测算，绝大部分都是可靠的。而鲁文公十四年（前613年）留下了世界上最早的关于哈雷彗星的记载，鲁庄公七年（前687年）又有天琴流星雨的最早记载。春秋时，我国历法中已有冬至、夏至、春分、秋分、立春、立夏、立秋、立冬等八个节气的划分，并准确地确定了冬至日的时间，这为当时的农业生产提供了科学的依据。战国时期甘德、石申撰写的《甘石星经》列出了世界上最早的恒星表。>医学方面春秋战国时期我国的医学与巫术逐步分离，并在基础医学、临床医学方面取得了巨大进步。春秋后期著名的医生扁鹊使用的望、闻、问、切四诊法及汤（汤药）、熨（用药物熨贴、按摩）、针石（针灸、石砭）和酒醪（服药酒）的医疗方法，奠定了中医学的基础。战国时期成书的《黄帝内经》，记载了我国最早的人体解剖学知识和血液循环概念，其对脉理的病因、经络、针刺的论述及辨证施治的原则，直至今日，仍成为专业院校的必修内容。同时，以战国时《行气玉佩铭》、《却谷食气》、《导引图》等为代表的气功文献，表明当时以增强体质、祛除疾病为重要方法的养生保健思想及技术已受到人们广泛的重视。

农学及水利工程 > 以精耕细作为特色的传统农业，在土壤、选种、耕作、播种、中耕、除草、灌溉、施肥、防治病虫害及收获、贮藏等各方面、各环节都积累了相当丰富的知识、经验。水利工程建设在战国时期获得了更大规模的发展。工程建设的指导思想也由单纯的泄洪、灌溉，向防旱、防沙、填淤、洗碱及航运等综合利用转变，水源则由地表水的利用发展到地下水的开发。其中最为著名的工程有防洪灌溉分水工程都江堰，大型渠系灌溉工程郑国渠，多首制引水工程漳水渠等。此外，牛耕与铁农具的普遍推广，桔槔的运用，栽桑养蚕技术的进一步发展，人工养鱼及植树的普及等，使我国春秋战国时期的农业生产，达到一个相当成熟的程度。>此外，从《墨子》、《庄子》、《韩非子》、《吕氏春秋》等诸子书和《考工记》等古籍内容考察，当时我国先民们围绕生产、生活和战争用具展开的物理学、化学、冶金学、热学及声、光、磁学知识，均有了丰富的积累与发展。

战国中期凤鸟花卉纹绣

公 元 前 4 0 3 年  公 元 前 2 2 1 年

战国形势图

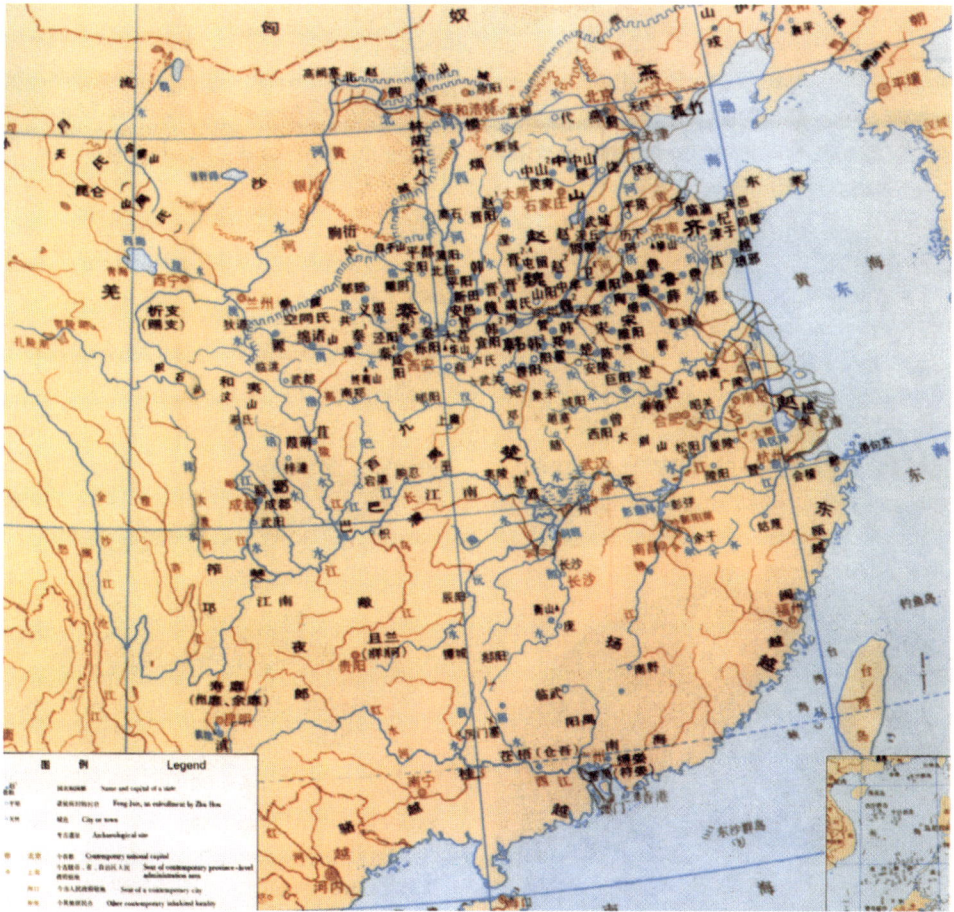

选自谭其骧主编《中国历史地图集》第一册：原始社会、夏、商、西周、春秋、战国时期

战国世系表

1 周威烈王 → **2** 周安王 → **3** 周烈王 → **4** 周显王 → **5** 周慎靓王 → **6** 周赧王

战国初年，有两位著名的能人，一位是墨翟，一位是公输般。墨翟因学问出众，自成一派，故被人们尊称为"墨子"；公输般是巧匠，善于制造各种器械，因他是鲁国人，古时"般"、"班"同音通用，所以又称作"鲁班"。墨子和公输般曾经有过一段不平凡的经历。

墨子智斗公输般

公输般为楚王营造战具，机巧百出；学问大师墨子为保和平，极力相劝，两人在楚惠王面前展开了军械大比拼。

义的作用远比钩拒强

楚惠王听说公输般技艺高超，就聘他去为楚军制造舟战器具，公输般很快制成了"钩"和"拒"。"钩"可以钩住想要逃走的敌船，"拒"可以顶住想要靠近的敌船。楚军依仗这两样新式装备，多次打败了擅长水战的越军，楚惠王大大奖赏了公输般。有一次，公输般遇见四处讲学的墨子，洋洋得意地对墨子说："我发明了'钩'、'拒'，使楚国水师百战百胜；你四处宣扬'义'，也如'钩'、'拒'那样有用吗?"墨子笑着回答说："我倡导'义'，以博爱作钩，以恭敬作拒。博爱使人互相亲近，恭敬使人自尊自爱，整个社会就会走向文明。如果你用钩钩别人，别人也用钩钩你；你用拒顶别人，别人也会用拒顶你。这样，只能是彼此伤害。所以，我倡导的'义'的作用，比你的钩、拒要强得多呢！"一番话说得公输般心服口服。

墨子主张非攻

墨翟，鲁国人，曾为宋国大夫，创立墨家学派。墨子以"兼相爱，交相利"的原则作为拯救天下的药方，公输般（即鲁班）为楚国制作攻城器具将要攻打宋国，墨子闻讯立即从齐国赶往郢都见楚王和公输班，宣传"兼爱"、"非攻"的道理，劝说楚国不要攻宋，并和公输般比试攻防战具的效能，使公输般甘拜下风。图为墨子学派发明的攻城云梯。

>历史文化百科<

〔简单实用的战国守城用具：累答、悬梁、悬脾、藉车〕

累答用以盖压爬城之敌，并将其烧死。悬梁，即是后世使用的城壕上的吊桥，用以阻断敌军。悬脾是方形无盖的木箱，内乘一甲士，手执长矛。用滑车牵动急上急下，用以刺杀爬墙的敌军。藉车是置于城墙之中，专用于向攻城敌军投掷炭火、石块等伤敌之物的战车。

公元前 403 年

世界大事记

斯巴达统帅来山得在雅典建立的贵族派统治——"三十僭主"发生内讧，民主派乘机反击，重新夺得政权。

方技　正义　机智
墨子　《墨子·公输》
鲁班　《墨子·鲁问》

人物　关键词　故事来源

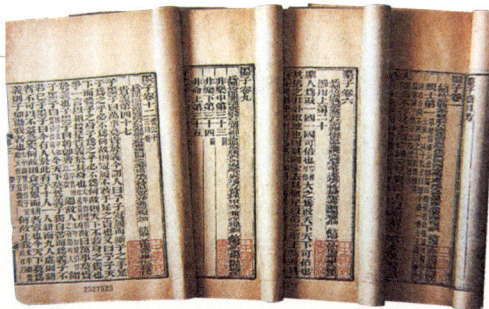

记载墨子言行思想的古籍《墨子》清刻本

墨子在军事上倡导"救守"、"非攻"，以注重防御为突出特点。墨子认为，天下战乱，"其所以起者，以不相爱生也"，战争乃是"交相恶"所致的凶事，攻伐实为"天下之巨害"。他还认为，面对强国、大国的威胁，弱小国家必须做好防御准备等等。

以请杀人为突破口

不久，墨子去了齐国，听说公输般又为楚惠王制造了一种叫"云梯"的作战工具，准备用它去攻打宋国。那时，诸侯间的兼并战争非常残酷，老百姓深受其害。一贯反对不义之战的墨子非常焦急，他跋山涉水，整整走了十天十夜，赶到楚国郢都去找公输般理论。公输般见了风尘仆仆的墨子，惊讶地问："先生找我有何指教？"墨子说："齐国有人侮辱我，我想请你去把他杀了！"公输般听说要他去杀人，很不高兴。墨子补充说："我可以出十镒黄金的谢仪。"公输般沉着脸说："我讲道义，不愿杀人。"墨子一听高兴地笑了起来，起身对公输般施了一礼说："我听说你发明了云梯，准备用来攻打宋国。宋国何罪之有呢？楚国原本地广人稀，现在却要牺牲本已不足的人口，去夺取本已有多的土地，这是不智；用暴力欺负弱小，这是不仁；你明知不仁，却不劝阻，这是不忠；你或许劝过，但没劝成，这是无能。你刚才心怀仁义，不愿去杀无辜之人，可你制造了云梯，岂不是为了杀更多无辜的人？"公输般被墨子说得面红耳赤，懊悔不已。墨子要他停止制造云梯，公输般为难地说

已与楚王说定了。墨子一把拉起他的手，说："那你带我去见楚王。"

用弃锦衣而偷破衫作譬

墨子见到楚惠王，对楚惠王说："现在有个人，扔掉自家的华丽彩车，去偷盗邻居的破车；扔掉自家的锦绣衣裳，去偷取邻居的破衣烂衫；扔掉自家的好米好肉，去偷食邻居的菜皮糟糠。请问大王，这人何以如此？"楚惠王瞪大眼睛说："这人定是患了嗜偷病！"墨子点点头，话锋一转说："楚国地方五千里，

木工祖师鲁班

鲁班，战国初期鲁国人。《吕氏春秋·慎大览》称："公输般，天下之巧工也。"鲁班曾为楚国制造战船用的兵器钩强、攻城用的器械云梯。鲁班用竹木制成的飞鹊，能连续飞三天不落下。飞鹊当是一种模仿鸟类飞行的飞行器。这些充分反映出鲁班作为工程技术大家的奇异智巧。自汉以降，鲁班被尊奉为木工的祖师爷，行业保护神。此图为清代年画。

战国树木双骑纹瓦当
半圆形的瓦当，中间有一棵常青树，两侧各有一个骑马人，形象生动。制作工艺十分精良。山东临淄出土。

宋国不过五百里，正如彩车之与破车；楚国有云梦泽，犀牛、麋鹿遍野，长江、汉水又盛产鱼鳖鼋鼍（yuán tuó），乃天下富饶之区，而宋国几乎连野鸡、野兔都找不到，正如好米好肉之与菜皮糟糠；楚国有高大的松木，优质的梓、楩、楠、樟，宋国连像样的树木都没有，正如锦绣衣裳之与破衣烂衫。大王如去攻打宋国，岂不正如那患嗜偷病的人一样，实在是得不偿失啊！"

一切机关算尽的攻守大战

楚惠王听了，不由点头，却又心有不甘地说："先生说得极是，但公输般已替寡人造好云梯，攻打宋国的计划我看就不必改变了吧？"墨子见楚惠王依仗云梯不甘放弃攻宋，就解下身上的皮带，在桌上围作城池，用木片作防御兵器，让公输般来模拟攻城。公输般九次运用不同的攻城器械，九次都被墨子抵御住了。公输般无可奈何，最后不甘心地对墨子说："我

已知道用什么办法对付你，姑且不说！"墨子看看公输班，微笑着说："我知道你将如何对付我，也姑且不说！"一旁"观战"的楚惠王莫名其妙，要求他们说出打的什么"哑谜"。墨子对楚惠王说："公输般的意思，不过是想把我杀掉。他以为杀了我就无人能抵挡他的攻城器械了。但他不知我的学生禽滑厘等三百人，已经拿着我做的守城工具，在宋国等候楚军了。杀掉我又有何用？"楚惠王这下泄了气，摆摆手说："好吧，寡人不打宋国了！"墨子终于用自己的智慧和坚韧不拔的意志，阻止了一场不义战争的爆发。

《墨子》（明《道藏》手抄本）
《墨子》是战国时期墨家著作，为墨子门徒所编集。原有71篇，现存53篇。书中所蕴含的思想极其丰富，在中国思想发展史上具有重要的学术地位。《墨子》思想代表了广大劳动人民的利益和要求，是战国"百家争鸣"中的重要一家。

▶历史文化百科◀

〔主张"兼爱"、"非攻"与互助合作的学术流派——墨家〕

墨家创始人墨子，社会伦理上主张"兼相爱，交相利"；政治上主张尚贤、尚同和非攻；经济上主张重农节用，不夺民时农力；思想上主张尊天事鬼，用以约束当道者的行止。

墨家徒众组织纪律严密，成员大多出身社会下层。首领称"鉅（巨）子"，专事论辩的称"墨辩"，专事正义武装行动的称"墨侠"。战国后期继续从事墨学研究的称后期墨家；专事武装行动的则游离出去，演变为秦汉时的游侠。

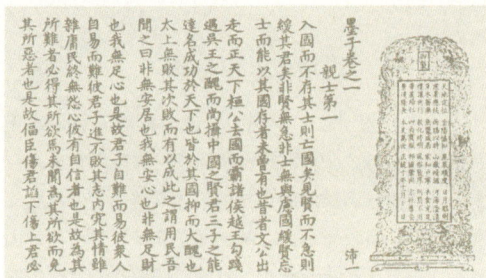

○○二

《史记·刺客列传》
《战国策·赵策一》 故事来源

忠义 宽容 勇敢 关键词

漆身吞炭 豫让桥 士为知己者死 典故

赵襄子 豫让 人物

义士豫让

豫让为报知遇之恩，屡次谋刺赵襄子，不惜漆身吞炭，彻底改变自己的音容形象，以求一逞，最后连赵襄子也被其感动。

报恩就是报仇

晋国执政卿智伯被赵、韩、魏三族击溃后，众门客树倒猢狲散，唯有一个名叫豫让的却日夜想着要为主人报仇。豫让最初臣事于范氏、中行氏，都不被重用，后来转投到智伯门下，智伯对他十分宠信，给以优厚待遇，豫让因此感恩戴德。三家合击知氏时，豫让随众人一起避入山中，后听说智伯被赵襄子杀掉，头颅做成了"夜壶"后，悲愤异常，说："士为知己者死，女为悦己者容。今智伯知我，我必为他报仇而死。"从此便隐姓埋名，化装成一个受过刑的人，混入晋国王宫中谋到一份冲洗厕所的差事，想乘机谋刺赵襄子。

有一天，正在宫中处理政务的赵襄子想上厕所，走到厕所门口口忽然心脉一动，让卫士先进厕所搜查一下。于是，手拿匕首、躲在厕所里准备行刺的豫让被当场揪了出来。赵襄子问："你是什么人？"豫让答："我是智伯家臣豫让，你杀了我主公，我要为他报仇！"卫士一听，拔剑要杀。赵襄子看了视死如归的豫让一眼，不由被他的忠义打动，就伸手挡住卫士，说："这是位义士，智伯已死而没有后人，而这位家臣仍要为他报仇，真是天下的贤人啊！"说罢，就让人放了豫让。

赵简子筑晋阳

赵简子，即赵鞅，赵襄子之父。公元前497年，赵简子因故杀赵氏同族赵午，引起中行氏、范氏的联合进攻。赵简子从国都绛退守晋阳，任用才臣董阏安于、尹泽等人，修建晋阳城，力保晋阳。当时韩氏、魏氏奉晋定公之命讨伐范氏、中行氏，迫使范氏、中行氏出奔朝歌，赵简子遂回绛复位，并率晋军围攻朝歌。

战国武士的标本——持剑木俑

木俑的身躯由一整块木头雕刻而成，双臂另外雕刻后安装上去。木俑的头部略略雕出五官，眉弓长，眼角上挑，刚毅之态毕现。左手握剑柄，右手握剑鞘，身体略微前倾，双脚分开，两膝微曲，一副武士临阵的状态。整个木俑的雕刻手法简练，但战国武士的粗犷、英勇、飒爽风姿表现得淋漓尽致。

漆身吞炭变形象

豫让不甘心就此失败，但赵襄子的卫士都已认识他，怎样才能不被认出来呢？他想了个办法，在身上涂满了漆，又剃去了胡须和眉毛，化装成一个痢痫模样的人，在街上行乞，等候赵襄子出现。这天，豫让正在街上要饭，他的妻子刚好从他身边经过，回头看了看他，奇怪地说："这个叫花子我不认识，可是他的声音真像我家豫让啊！"这话提醒了豫

豫让刺衣报旧主

知瑶的家臣豫让曾受过知瑶的优待和重用，为报知遇之恩，豫让发誓要为知瑶报仇，不惜漆身吞炭，改变自己的音容形象。但多次行刺赵襄子都没有成功。最后豫让请求赵襄子把外衣脱下，让他象征性地刺几下，赵襄子答应了他的请求。豫让刺衣后自刎而亡，完成了一位义士的最后壮举。此图出于清末民初马骀的《马骀画宝》。

"三晋"布币
战国时期布币主要流行于韩、赵、魏"三晋"地区。离石圆足币、晋阳尖足币、梁充五十当三种样式不同的布币统称为"三晋"布币。

让，为了不再让人听出他的声音，他找了许多炭吞下去，嗓子一下子变得沙哑了。

有个知道他底细的朋友，对他说："你易容变声虽然成功，却不是才智之士，凭着你的才干，尽心尽意去服侍赵襄子，完全可以得到他的重用，那时再寻机刺杀他，成功的可能性岂不更大？"豫让说："我为智伯报仇是报他知遇之恩，如又得到赵襄子的知遇之恩，让我如何报仇？为旧君去杀新君，是大乱君臣之义的。再说，如果我当了赵襄子的家臣，暗中又要谋杀他，事君怀有二心，我将愧对天下。"朋友无言，只能唯唯而退。

> ### 历史文化百科
>
> **〔"战国七雄"形成的标志性事件——三家分晋〕**
> 春秋末期，晋国形成六卿专政局面。公元前458年六卿内讧，知、韩、赵、魏联手灭掉了范氏、中行氏。五年后赵、韩、魏又联手灭掉了势力最大的知氏。晋幽公时，公室只剩下绛与曲沃，其余土地已尽归赵、韩、魏三家。晋幽公反沦为三家附庸。公元前403年，周威烈王正式册封赵、韩、魏列为诸侯，晋国灭亡。史称"三家分晋"。

伏击又一次失败

不久，赵襄子外出巡视，豫让知道了，就预先埋伏在赵襄子必经的桥下。不一会，一行队伍果然出现了，赵襄子骑马走在前面，刚踏上桥头，马受到惊吓，突然跳了起来。赵襄子想了想，说："必定是那个豫让啊！"便要左右上前搜索，果然在桥下抓住了豫让。赵襄子看见豫让变成了这个模样，颇有些感慨地对他说："你以前侍奉过范氏、中行氏，智伯灭了范氏、中行氏，你不替他们报仇，反而去投靠智伯。如今智伯已经身死，你为什么还想替他报仇呢？"豫让倔强地说："我侍奉范氏、中行氏时，他们只把我当普通人看待，所以我也用普通人的态度回报他们；我侍奉智伯时，知伯把我当国士看待，所以我也用国士的态度报答知伯。"赵襄子听后，思忖了许久才说："你是一名忠义之士，我内心十分佩服你，所以对你也仁至义尽。可是现在你让我怎么处置你呢？"站在赵襄子身后的侍卫官一听，马上挥了挥手，四周的甲士们拿起兵器围了上来。

刺衣服了却心愿

被甲士们团团围住的豫让知道自己再也没有报仇的机会了，转身对赵襄子拜了一拜，说："微臣听说贤明的君主不埋没他人的美德，忠臣义士则有必死的决心。上次你已放过我一次，天下人都称道你的贤明。今天，我知道自己必死无疑，但仍想请你满足我一个请求：愿你脱下衣服，让我刺它几剑，以了我报仇的心愿，那么我死也无憾了。"赵襄子为豫让的忠义气概所感动，默默地脱下衣服让卫士交给豫让，豫让将衣服铺在地上，奋然跃起接连猛刺三次，然后说："我总算为智伯报仇了！"说罢，拔剑自杀。

赵地百姓感怀豫让的忠义，将这座桥改名为"豫让桥"，以表纪念。

楚国的制钱用具：蚁鼻穿范
战国中期青铜器制品，为楚国制钱所用。我们可以清楚地看到，每件上有两条浇道，铜水缓缓流入，每次可铸出蚁鼻钱六十四枚，钱上文字清晰可辨。从文献得知楚国多以铜贝为货币，通称蚁鼻钱，此物的发现，似使人看到铸钱时的情形，因此就越发显得珍贵。

战国七雄及都城表

周	雒邑	周考王元年（前440年），封其弟揭于王城（今洛阳），称西周桓公。 周显王二年（前367年），西周威公死后，少子根在东部争立，迁都于巩（今巩义西南），号东周惠公，形成东、西二小国。前256年，秦灭西周。而周显王居于成周，在东周境内。前249年秦灭东周。
秦	咸阳	献公迁栎阳，孝公迁咸阳。
魏	大梁	初都安邑（今夏县西北），魏惠王时迁都大梁（今开封）。前225年，秦灭魏。
韩	新郑	初都阳翟（今禹州），前375年迁郑，后迁新郑（今郑州）。前230年，秦灭韩。
赵	邯郸	初都晋阳（今太原东南），后迁邯郸。前222年，秦灭赵。
楚	郢	都郢（今湖北荆州西北），前278年，迁都陈（今淮阳）。前241年，迁寿春（今寿县西南）。前223年，秦灭楚。
燕	蓟	都蓟（今北京西南），前226年，燕王喜迁辽东。前222年，秦灭燕。
齐	临淄	都临淄（今山东淄博市），前221年，秦灭齐。

西门豹治邺

邺城贪官当道，迷信盛行，残害百姓，人民流离失所。西门豹以其人之道还治其人之身，巫婆、土豪等黑恶势力得到了毁灭性的打击，邺城四野又出现了绿油油的庄稼。

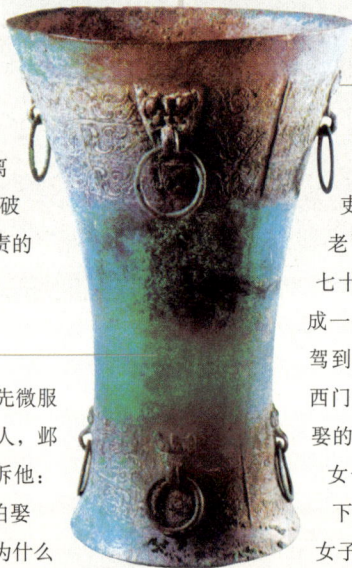

受命于困厄之际

位于今河北临漳县西南的邺城是魏国北面的重镇，长期以来，贪官当政，巫术盛行，人民苦不堪言，纷纷逃亡。魏文侯为此多次与群臣讨论，因事涉面广，盘根错节，一直议而不决。大臣翟璜力排众议，举荐了为人正直、公而好义的西门豹，魏文侯也想改变一下过去历任邺令优柔寡断的作风，决定任命西门豹为新的邺令，赋予他治邺全权，西门豹非常理解魏文侯的心意，如邺城不治，民众离心，日后必定成为燕、赵入侵的突破口，后果将不堪设想。他以高度负责的态度走马上任。

百姓不堪河伯娶妻

西门豹来到邺城，未入衙门，先微服私访，在地头、巷间访问当地的老人，邺城百姓最苦的是什么。老人们告诉他："最不堪忍受的是每年一次的'河伯娶妻'。"西门豹听了很感惊讶，问："为什么呢？"老人们说："邺城官吏年年向百姓强征'河伯娶妻'税，每次不下数百万元，钱到手后，只将其中的二三十万作为活动费用，其余的全由这些当官的与巫婆神汉们瓜分了。巫祝们挨家挨户窥探，见谁家女子长得好，就说：'当作为河伯的妻子！'百姓舍不得，他们就乘机勒索。河伯娶亲的日子，他们将选来的女子沐浴更衣、打扮一新，然后在漳河边新盖的斋宫中戒守，四周布满红色帷幔，每天设牛酒饭食供奉，十

天以后，就将那女子与嫁妆投入河中，随水漂浮，最后沉入河中。有女儿的人家怕被选中，就举家逃走，剩下的人家越来越少。人家少了，分摊的税款越来越大，所以邺城的百姓就越来越穷了。"西门豹听了，不由义愤填膺，对老人们说："今年河伯娶妻时，你们来告诉我一声，我也要前往送那女子。"大家都说："好！"

作威作福的巫婆三老受到惩罚

河伯娶妻的日子又到了，西门豹如约来到河边，只见邺城的官吏、豪长以及把持当地社会的"三老"都已来了。主持仪式的巫婆年近七十 十来个衣衫鲜艳的年轻女弟子排成一排，站在巫婆后面。那巫婆见县令驾到，不敢怠慢，赶忙满脸堆笑地来到西门豹跟前行礼。西门豹说："将河伯要娶的那位女子叫来我看看。"巫婆忙将那女子牵过来，西门豹装模作样地上上下下看了一遍，回头对官吏们说："这女子长得不漂亮，选她做河伯夫人岂不亵视了河伯？不行，不行！"一边说一边摇头，嘴中还啧啧有声："不如麻烦大巫婆到河伯那里去禀告一声，就说等我们选个更漂亮的女子隔日送来！"说罢，不由分说令军士抱起那巫婆就投入河中。西门豹装出一副虔诚的样子望着河面，等了一会不见

战国环铜杯（上图）

此环铜杯为平底觚式，似觚而形体较粗，体饰兽面铜环，口径大于底径，口和底部均呈喇叭状，为战国时期饮酒的器皿。

公元前 400 年

世界大事记

希腊历史学家修昔底德（约前460年—前400年）去世，著有《伯罗奔尼撒战争史》。

〈史记·滑稽列传〉

民本 正义

河伯娶亲

西门豹

人物 典故 关键词 故事来源

河伯娶亲

邺地贪官污吏以治水为名，与当地巫婆联手，说是为河伯娶妻，其实大部分搜刮来的钱财都进了他们自己的腰包。为了革除这一陋习，新任县令西门豹以其人之道还治其人之身，将巫婆抛入河中，说是让她去打探消息，吓得当地贪官魂飞魄散，纷纷请求饶命。于是为河伯娶妻的陋习被根除。西门豹利用惩治巫婆树立起威信后，大兴水利、根绝水患，使邺地大治。此图为清末民初的石印本《东周列国志》插图。

动静，回头对大伙说："巫婆办事这么拖沓？来人，派个弟子去催一催！"军士闻言，抱起排首的年轻女巫又投入河中，这样一连投了三个，仍不见河中回音。西门豹说："这些女子没用，连说句话的事也办不了。还是麻烦三老到河伯那边走一趟吧！"军士们又将平日里作威作福、鱼肉乡民的三老投入河

中。西门豹继续率众面对漳河侍立等待，那些官吏、豪长们个个吓得面如土色，唯恐接下来自己也被扔到河里。西门豹望着他们，慢吞吞地说："巫婆、三老都没有回来，怎么办呢？"一边说，一边眼光在他们身上扫来扫去，那些官吏、豪长吓得纷纷扑倒在地，拼命叩头。又过了许久，西门豹才嘘口气对伏地不起的官吏们说："你们都起来吧，看样子，是河伯留客了。我们不如先回去，等他们回来后再说吧。"

从此以后，邺城再也没人敢提为河伯娶妻的事。

大兴水利，根绝河患

在惩罚了一帮贪婪作恶的巫婆、三老、官吏、豪长，使人心大快之后，西门豹不敢怠慢，立即发动民众，开凿了十二条渠，引漳河水灌溉邺城的良田，不但根绝了水患，而且使庄稼年年获得好收成，老百姓丰衣足食，过上了富裕的生活。由是邺城大治，直到汉代，人们犹称他"名闻天下，泽被后世"怀念着他的功绩。

西门渠和西门闸

西门豹治邺，除了著名的破除当地"河伯娶妻"的迷信恶俗外，还组织人民修建了十二条水渠，引入漳河水灌溉农田，故后世有西门渠、西门闸（在今河南安阳县高椅村西北约二里的漳河南岸）。图为西门渠和西门闸的残存遗迹。

魏文侯选相

究竟选谁为相，魏文侯犹豫不定，谋臣李克提出了五条标准。

尊重人才使国家兴旺

魏文侯是个非常尊重人才的君王，据说每当他的车驾经过著名学者段干木家门口时，他总是站起身来，躬身俯首为礼。于是，四方贤士纷纷投奔而至，魏国的人才越来越多。秦国曾想攻打魏国，有人说："魏君尊重贤人，上下和合，不可图谋啊！"秦国因此不敢轻举妄动。

战国丝织品：对凤对龙纹绣浅黄绢面衾
战国丝织品，1982年在湖北江陵马山一号楚墓出土。当时共出土五幅，花纹错位排列，对龙、对凤造型生动，有图案特点，出现许多单线，构思超越现实，大量融入设计者的主观意识，虽然是两千多年前的物品，却具有与"现代特点"相同之处。当时经济发展，促进了艺术的飞跃，由此可窥见一斑。

选贤任能的特殊标准

魏文侯手下有两名最得力的辅臣：一位是魏成，一位是翟璜，平日政事全都委托给他俩处置。日子一长，心里不禁犯难：二人才能相当，究竟任命谁当相国好呢？想来想去，拿不定主意，就将学识渊博的李克召进宫来商议。魏文侯对李克说："先生曾对寡人讲过：'家贫思良妻，国乱思良臣'，如今魏成和翟璜都是寡人的得力辅助，但选谁为相，一时拿不定主意，想听听先生的意见。"李克闻言，连忙揖首谢辞说："地位低下的不宜妄评地位

兴盛的战国蚕桑业
蚕桑业到战国时期极为兴盛，黄河流域、长江流域以及东北地区蚕桑业和丝织业都十分发达，尤其是齐、鲁、宋、卫等诸侯国蚕桑事业特别发达。战国时代，桑树的栽培和推广，适应了当时蚕桑事业蓬勃发展的需要。

> 历史文化百科 <

〔我国最早的法典——《法经》〕

《法经》是我国第一部封建法典，由战国时期魏文侯相李悝编纂，成书年代大约为公元前407年。全书分《盗法》、《贼法》、《囚法》、《捕法》、《杂法》、《具法》六部分。前两部为惩治盗、贼之法，《囚法》是断狱之法，《捕法》为搜捕逃亡罪犯之法，《杂法》为惩治狡诈、越狱、赌博、贪污、淫乱之法，《具法》为依据罪犯服刑好坏，进行加减刑罚的奖惩之法。李悝编定的《法经》，基本汇集了战国时期各国法律建设的已有成果，在我国法制史研究领域具有重要意义。

世界大事记

公元前 400 年

波斯总督提萨费尔斯攻小亚爱奥尼亚各希腊城市。斯巴达派兵往援，希波战争爆发（前400年—前387年）。

《史记·魏世家》《资治通鉴·周威烈王二十三年》

识才　忠言　纳谏

家贫思良妻　国乱思良臣　李克荐相乱

魏文侯　李克

人物　典故　关键词　故事来源

尊贵的，关系疏远的不宜议论关系亲密的，臣向来不参与朝中机密，不敢对此重大决策发表意见。"魏文侯说："是寡人主动请教，先生但说无妨。"李克推辞不掉，想了一想后婉转地说："主公用人向来是有标准的：居家时看他同哪类人交往；富有时看他钱用在何处；得势时看他举荐何人；贫困时看他能否

巧夺天工的透雕蟠螭纹铜镜

战国照容用具，1954年四川昭化宝轮院巴蜀船棺葬出土。这件铜面镜由银白色镜面和镂空的镜背组合而成，小环钮可穿带，钮外为镂空的蟠螭纹，屈曲联结，靠外缘有一圈镂空的菱形纹，工艺复杂，精巧美观。

不失志向；贫苦时看他能否守住清白。有这五条就

足以看出一个人的品质而定何人为相了，还要为臣再多说吗？"魏文侯笑着说："先生请回吧，寡人的相国已选定了。"

在事实面前心悦诚服

李克从宫里出来，路过翟璜家，翟、李两人私谊极好。李克落魄时曾得到过翟璜相助，后又经翟璜举荐为魏文侯重用。翟璜将李克请入家中，落座上茶后，翟璜就开门见山地问："听说主公召先生入宫听取相国人选的意见，不知确定为谁？"李克回答说："魏成。"极想当相国的翟璜听后，心中忿然不平，不由怒形于色，说："西河告急，我举荐吴起，由是西河稳固；主公为邺城担忧，我举荐西门豹，从此邺城大治；主公想讨伐中山，苦于无领兵良将，我举荐乐羊，因而一举成功，占领中山后无合适守臣，我推荐先生，中山就此繁荣；主公的儿子找不到出色的老师，又是我举荐了屈侯鲋，于是王子得师。这桩桩件件，我哪点不如魏成呢？"李克等翟璜气息稍平后，对翟璜说："选魏成为相，只是我的猜测。我之所以这么猜，是感到魏成处事为人非比寻常。您想，魏成食禄千钟，将十分之九分给了手下及一般穷人，自己只用十分之一；他向魏文侯举荐的卜子夏、田子方、段干木三人，主公均以

▶历史文化百科

〔战国时期的庞大运河工程——大沟、鸿沟〕

大沟是战国时期魏国开凿的运河工程，于公元前360年、公元前339年分两期完成，走向大体从现今河南原阳北凿沟引黄河水南流，穿过济水进入今河南中牟西边的圃田泽；再从圃田泽挖沟引水东流至魏都大梁北郭。鸿沟在大沟的基础上继续向东，经陈旧都（今河南淮阳）、于沈丘附近注入颍水，经颍水与淮水、汝水相通，由此构成了沟通黄、淮平原诸国的鸿沟水系，促进了整个区域的经济文化交流。

《采桑图》（清·闵贞）
采桑养蚕在战国十分普及，这是反映农人采桑的清代人闵贞的《采桑图》。

师礼相待；而您食禄无一外用，所荐五人，主公均以臣子相待。财用显其志节，荐才见其品位，您怎能同魏成相比呢？"翟璜并非糊涂人，一点便透，于是脸色很快平复下来，起身向李克躬身施礼说："您所言极是，看来我还是个肤浅的人，请原谅我的鲁莽，收我为弟子罢。"

李克猜得不错，不久，魏文侯果然任命魏成为相国，由此可见魏文侯在用人方面的精明和识别能力。

世界大事记

希腊哲学家苏格拉底（前469年—前399年）去世。苏提出"认识自己"是人类第一要务，认为真理具有客观性，主张德性即为知识，在逻辑学方面首次提出归纳法和定义法。

田子方　魏武侯　魏文侯　　贫贱骄人　忠言　纳谏　　《史记·魏世家》《资治通鉴·周威烈王二十三年》

人物　典故　关键词　故事来源

〇〇五

田子方出语惊人

魏太子对父王门客田子方恭恭敬敬，可田子方傲然看不起人，心有不平的魏太子问其理由，田子方讲出了一番大道理。

"敬其父不兼其子"

田子方是孔子弟子子贡的学生，道德学问闻名于诸侯，魏文侯慕名聘他为师，执礼甚恭，可田子方依然一副名士派头。有一次，太子子击入宫觐见魏文侯，侍坐诸臣见太子上殿，纷纷起立致礼，唯独田子方傲然而坐。魏文侯见状有些不悦，左右见了，纷纷责备田子方无礼。田子方说："昔日楚恭王礼敬天下名士，素有陈规：'敬其父者不兼其子'，如硬要门客也以主公礼敬奉少主人，必会使有才华之士为之却步，如此举措岂非对魏国不利？"一席话说得众人无不信服，魏文侯也转怒为喜。

有一天，魏文侯同田子方一同饮酒赏乐，文侯对田子方说："先生，今日钟声似乎不大协调，高音部过高，先生以为如何？"田子方笑而不答，魏文侯迷惑不解，问："先生何以发笑？是寡人说得不对吗？"田子方稽首为礼说："臣听说，为君者致力于辨官，不着意辨音。今天主公着意辨音，臣担心会削弱对满朝文武的识辨。"魏文侯肃然起敬，稽首相谢说："先生说得是！"

考验太子，用心良苦

过了些日子，镇守中山的太子子击回都述职，在朝歌遇到田子方，由于父亲非常敬重田子方，太子也避让于路旁，并下车向田子方敬礼。田子方乘于车上，傲然而过，不予答礼。子击毕竟贵为太子，对此十分气愤，心想：你田子方再尊贵，不过是个门客，怎可如此无礼？想到这里，便大声说："是富贵者有资格傲慢看不起人，还是贫贱者有资格傲慢看不起人？"言下之意：你田子方不过是个贫贱者而已。

其实，田子方数次怠慢太子是有良苦用心的：魏文侯礼贤下士，对他言听计从，他早已立誓要为魏国的强盛竭尽全力。然而他看得很清楚，眼下魏国虽国势稳健，但却危机四伏，东边是强盛的齐国，北边是勇武的赵国，南边是不甘寂寞的韩国、楚国，西边则是虎视眈眈的秦国。只要国内稍有风吹草动，周边敌国马上会向魏国下手。魏国如要生存、发展，只有上下一心，励精图治，现在魏文侯贤明信达，官民归心，列国震慑，一旦文侯撒手，这局面是否能保得住呢？出于这种考虑，所以他不断考察太子的品行，锻炼太子的德性。

鹿角奇长的战国铜卧鹿

战国铜卧鹿既表现了鹿的优雅可爱，又极度夸张了鹿角。在所有动物中，鹿角最为奇特，复杂而美丽，既是珍贵的药材，又是进攻的武器，连猛兽也敬畏三分。神秘的鹿角，在古人的艺术创造中更加得到了美化和夸饰，显然是将鹿神化和尊化了，使之发挥更大的驱邪避恶作用。铜卧鹿当属于镇墓辟邪的明器。

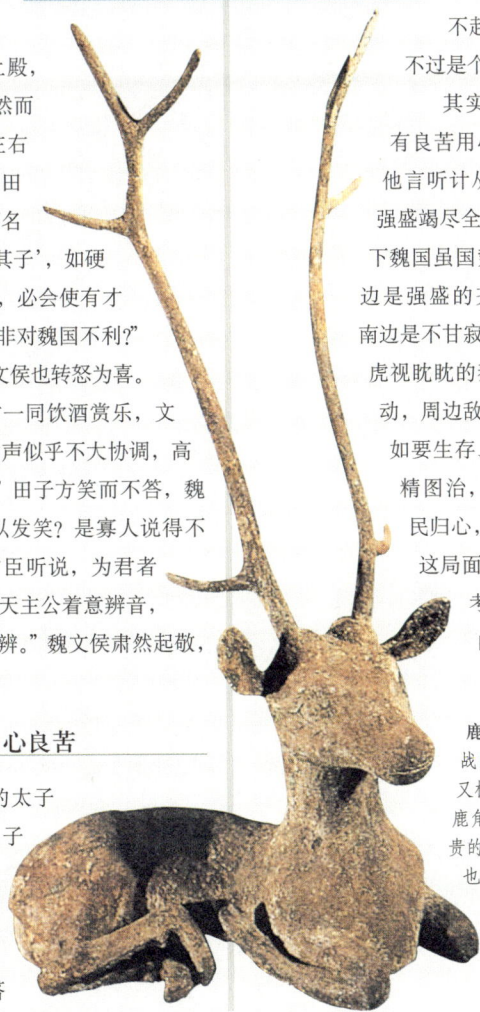

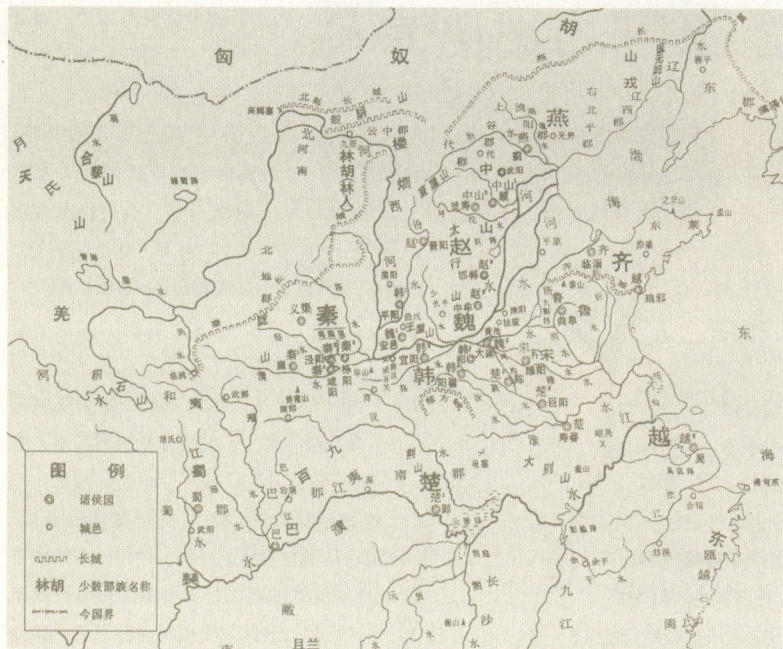

战国形势图

战国时期，除齐、魏、韩、赵、秦、楚、燕七个大国之外，在大国之间及周围还存在二十余个小国和少数族建立的政权。在公元前350年左右，各大国的位置及当时的形势是：齐居今山东大部和河北的西南部。魏居今陕西东部沿黄河一带，山西中部、西南部，河南中、北部，河北南部及山东一部分。韩居今山西的东南部与河南的西北部。赵居今陕西东北部，山西大部，河北西南部，山东西部，河南北端的一部分。秦居今甘肃东南部，陕西中南部，河南西部。燕居今河北北部，辽宁西南部，山东西北部。楚占有今湖北全部，江西北部，安徽大部分和江苏一部分，河南南部，陕西东南部，四川的东部，湖南的大部分及至广东的北部。

贫贱者可以骄傲待人

田子方望了一眼满脸通红的太子，缓缓回答说："真正有资格可以傲慢看不起人的，只能是贫贱者。富贵者怎么敢傲然待人呢？"这个回答大出太子的意外，不由使他瞪大了双眼。田子方继续说："一国之君如果傲然待人，就会失去人心，国家必定不保；大夫如傲然待人，就会失去支持，引起家臣作乱，导致祖业毁弃，这方面的例子已比比皆是。反观贫贱者，无家无业，四海漂泊，言语不见用，处境不合心，就可一走了之，如脱鞋一样。贫贱者难道还怕失去贫贱不成？"

太子听完这番话，顿时如醍醐灌顶，以前父亲对他讲的许多政治道理一下子豁然开朗了。他恭恭敬敬地对田子方行了三个礼，然后离去。田子方对太子这种特殊的教育方式，真是收到了成效。

〔上海博物馆藏战国楚竹书从香港购回〕

1994年春，一批战国楚竹书在香港文物市场露面，经上海博物馆鉴定为真品，即以重金抢救购回。不久又发现另一批相关竹简，几位香港朋友收购后捐赠给上博。经分析，这批竹简为战国晚期楚贵族墓中的随葬品。

据初步估算，这批竹简共35000余字，有80余种，全部是秦始皇焚书坑儒之前的战国古籍。其中以儒家类为主，兼及道家、兵家、阴阳家等。专家们称这批战国楚竹书是"国之重宝"，现正由上海古籍出版社分册陆续出版。

公元前398年

世界大事记 波斯王阿尔塔薛西斯二世任命雅典将领科伦为波斯舰队指挥，对抗斯巴达。

《史记·货殖列传》

富有 谋略

白圭

人物 关键词 故事来源

〇〇六

白圭的经商策略

白圭利用季节和地区差价，又能用天文学知识预测未来，以决定经商策略，成为战国时代的巨富。

激烈竞争的战国时代促使了农业、手工业、商业的飞速发展。繁荣的商业既诞生了许多富可敌国的巨富，也促使了商业理论的形成。在魏国做买卖的周人白圭就是一个有经商理论的大商贾。

人弃我取，人取我予

白圭读书，见范蠡、计然帮助越王勾践富国强兵，其中有"夏则资皮，冬则资缔；旱则资舟，水则资车""贵出如粪土，贱取如珠玉""财币欲其行如流水"等语，就有很多感慨。他又联想到范蠡后来弃官经商，隐姓改名为朱公，在陶地（今山东定陶）治产积居，同好几个诸侯的都城交通，货物流通便利，最终成了巨富，人们一谈起富翁，就会以"陶朱公"作比喻。陶朱公之所以成为巨富，也无非是实践了上述那些策略而已。白圭还读到过孔子的弟子子贡成为巨富的事，他利用出使其他国家的机会，发现了各国间的商品差价，于是进行贩卖，无非就是贱买贵卖使他成为富翁的。

战国帛画：乘龙升天

古人认为龙是沟通天地的使者，承担着引导或负载人的灵魂升天的重任。湖南长沙子弹库楚墓出土帛画"人物驭龙图"就典型地反映了古人这一俗信。图中男子高冠亮服，手抚佩剑，驭龙而行；龙身躯硕长弯作舟形，头上独角高耸，尾分两叉，摆颈昂首作飞升状。整幅帛画的主题是龙负载墓主人的灵魂升天。

我国早期雕塑中的艺术精品——战国青铜马

求富原来并不难。白圭就决定暂时辍学，利用家中所剩无几的钱财去经商。开始时就靠手提肩扛地进行小规模的贩卖，成功后，白圭用挣得的钱购置了车辆，买卖的规模比原先大了。继而他购置了更多的车辆，并雇用了人力，组织成车队，进行更大规模的贩卖。有知识有智慧的白圭不仅赚取地区性差价，而且注意赚取季节性差价。白圭成了战国时代首屈一指的巨富。

白圭总结出这样的规律：当庄稼成熟的时节，就买进粮食，而出售丝、布匹、生漆等商品；当蚕茧结成时，他就收购新丝，出售粮食。白圭始终在观察时节的变化，他最有名的一句话是："人弃我取，人取我予。"在贱买贵卖中不断地积累。

兵家之谋、法家之法

成了巨富的白圭就能读更多的书。他于兵家、法家、阴阳家，乃至神巫占卜之书都无所不读。丰富的知识促使他进一步升华他的经商理论。他用天文学知识和占星术来预测年成的好坏，比如：月亮在卯的位

置，今年大丰收，明年的收成就会减少；月亮在午的位置，本年会遭遇旱灾，明年却是个丰年。能预测来年的农业收成，当然就能决定来年的经商项目。因此白圭的决策很少失误。白圭认为经商者应该过节俭的生活，要禁戒嗜好，要同自己的雇用者同苦乐，这样才能积累财富，扩大经营，形成规模。在盈利机会出现时，要迅速反应，趋之若猛兽鸷鹰。白圭非常自信

我国早期雕塑中的艺术精品——战国青铜马（左页图）
此件青铜雄马的躯体塑肥硕圆润，腿虽略显短细，但整体给人粗犷健壮之感。马的头部塑造尤为细致生动，竖耳鼓目，鼻翼贲张，显示出剧烈活动之后喘息的神态，实乃精品之作。

错银铜卧牛
这尊战国铜卧牛神情憨厚，膘肥体壮，周身用错银云纹展现牛毛，腹下刻有铭文："大（府）之器。""大府"是王室掌管财币货藏的机构，此器当是大府所藏专供王室使用的器物，造型制作都异常精美。

地把自己的经商策略比作伊尹、姜尚之谋，把自己指挥雇用者的运作比为孙子、吴起的用兵，把自己制定和厉行法规制度比作商鞅行法。

白圭富了，很多人向他讨教经验。他说：你虽然是一个智者、勇者、仁者、强者，也学不会我的经验。而白圭内心想的是"终不告之也"，商业机密，不可泄露。白圭后来成为天下做生意的祖师，他的敬上理论和策略是战国时代商业繁荣的结晶。　　》王廷洽

> **历史文化百科**
>
> **〔商人祖师——白圭〕**
>
> 白圭名丹，周人，与孟子同时，曾担任魏惠王的相国，以善于治水和筑堤防著称。主张减轻租税，倡导贸易致富，被当时的商人奉为祖师。其贸易原则是"人弃我取，人取我与"，利用市场商品价格的上下波动规律获取最大利润。他认为经商的要诀为"智"、"勇"、"仁"、"强"四字。"智"即权变，"勇"为决断，"仁"须做到"人弃我取，人取我与"，"强"是坚守时机。

中国大事记　慎到在世。慎到，赵国人，强调"势"（权势、政权）的运用，推崇"法治"。其著作有《慎子》。

〇〇七

一代名将吴起

吴起年轻时刻苦学习，一生打过许多漂亮的胜仗。他思想精深，见识卓越，与春秋孙子同名。

为功名苦学文武

吴起是卫国左氏（今山东曹县北）人，自幼雄心勃勃，不甘平庸，受当时尚武风气影响，喜爱舞刀弄棒，不事生产，家境逐渐萧条。母亲责怪他不务正业、不求上进，吴起一怒之下跑到鲁国，投在孔子弟子曾参门下受业，日夜苦读。有个齐国人见他好学，就将女儿嫁给了他。吴起在曾参处攻读数年，从不回家，朋友惊讶地问他："你有老母在堂，怎不回去看望？"吴起愤而不答。吴起由于功名未就羞于回家，但在旁人眼里就是明显的不孝。不久，家人捎信来说他的母亲死了，吴起读信后仰天大哭，后读书如故。曾参是儒学名士，特别看重忠孝之道，见吴起母丧不回，怒斥一顿后将他逐出师门。吴起就此觉得儒学迂腐，转学兵法，三年后投奔鲁国。鲁穆公看重他的军事知识，委他当了个武官。

杀妻求将获大胜

有一年，齐国来攻打鲁国，鲁穆公想让吴起领兵抵御，朝中大臣们议论纷纷，说吴起与齐国有姻亲关系，加之又是卫国人，万一阵前倒戈，后果不堪设想。鲁穆公一时不敢决定，吴起听说后，一刀将妻子杀了，然后进宫向穆公报告，自己坚决同齐军作战。鲁穆公

不再犹豫，马上封他为将军，率兵迎敌。吴起巧施妙计，一战重创齐军，鲁军大获全胜。就在吴起以为从此可飞黄腾达之时，朝野间反对他的闲言碎语又流传开来。有的说他为了求将不惜杀妻，其阴鸷残忍令人心惊；有的说他母死不归，毫无孝心，被曾参逐出师门等等。鲁穆公本来想重用吴起，听了这些话不由又动摇起来。吴起看看苗头不对，又听说魏文侯善待人才，就连夜跑到了魏国。

在魏西河建功立业

当时秦国经常侵扰魏国的西河地区，魏文侯因派不出合适的将才，日夜忧心。大臣翟璜见吴起来投奔，就将他推荐给了魏文侯，魏文侯大喜，委任吴起为西河守。吴起接受以往的教训，处处谨慎行事，同士卒同吃同住，一同跋山涉水，把将军享有的俸禄与魏文侯的赏赐，拿出来与士卒共享。有一次，一个士兵生疮，吴起亲自给他端水敷药，还用嘴为他吮出脓血，将士们见了无不感动。由是威信大振，将士用命。吴起经过缜密思考后，向入侵的秦军连续发起了攻击，先后攻下了五座城邑，秦军望风溃逃。西河的防守从此巩固。吴起

著名军事家吴起

吴起（前440年–前381年），战国初期卫国左氏（今山东曹县）人。先后在鲁国、魏国、楚国做官，军事、政治才能卓越。名著《吴子兵法》流芳百世，给后人留下了宝贵的军事理论财富。

公 元 前 3 9 6 年

世界大事记

罗马攻陷维爱城，兼并其领土。伊特拉斯坎人在意大利中部的统治结束。

《史记·孙子吴起列传》

识才　猜疑　嫉妒

吴起　杀妻求将

魏文侯

人物　典故　关键词　故事来源

又整顿吏治、安抚百姓、发展生产、减轻税收，不几年，西河地区人口繁衍、府库充盈、人民安乐，吴起也成了名将。

恐遭暗算逃亡楚国

可是好景不长，文侯死后武侯继位，一度用公叔为相，这公叔原是贵族子弟，娶魏公主为妻，而欲害吴起。他对魏武侯说："吴起是著名贤人，识博才高。可魏国是个小国，周边各国都比我们强大，臣担心吴起不会甘心长久呆在魏国。"公叔又在家宴请吴起，而让公主故意发怒责骂公叔。吴起见公主如此轻视相国，就向魏武侯提出辞呈。从此魏武侯对其怀疑而不再信任，吴起唯恐遭到陷害，便向楚国投奔而去。

吴起杀妻求将

吴起是卫国人，因杀人亡命他乡。在鲁国学习军事，当齐国进攻鲁国时，鲁国欲起用吴起帅兵，但因吴起的妻子是齐国人，就有些犹豫不决。吴起为了取得功名，不惜杀妻，以示忠心。尽管吴起打败了齐军，立下战功，终因其手段残忍而难受重用。后到魏国，魏文侯对吴起委以重任，让他守卫西河。吴起善于治军，使韩、秦不敢轻易举兵犯境。但最终受人排挤，不得不离魏奔楚。左图为清末民初的石印本《东周列国志》插图。

> 历史文化百科 <

〔战国精锐部队——技击、武卒、锐士〕

战国时期，战争频仍，各诸侯国纷纷组建精锐部队，以求所向披靡、克敌致胜。各国精锐中，尤以齐国的"技击"、魏国的"武卒"、秦国的"锐士"最为著名，其武功、体能，几乎到了令敌人闻风丧胆的地步。上述三者，曾几度交接，秦国锐士明显成为强中之强，魏国武卒次之，齐国技击位列第三，所以当时有"技击不可以遇武卒，武卒不可以遇锐士"之说。

卓越的军事才能

　　吴起年轻时就学过兵法，在领兵作战方面有丰富的经验，一生打过许多漂亮的胜仗。他既有理论，又有实践，特别是他的军事思想博大精深，具有远见卓识。有一次，魏武侯乘船在黄河中观赏，对吴起说："美哉，山河之固，此魏国之宝啊！"吴起立即回答："在德不在险。"过去三苗、夏桀、殷纣都据险而不修德，结果被大禹、商汤、武王攻灭了。"若君不修德，将到处都是敌国。"一席话，使魏武侯深受教育。吴起的军事才能一向与孙子（孙武、孙膑）相媲美，是春秋战国间军事家的杰出代表。

一车四马的战车复原模型

春秋战国时期，诸侯征战，战车是极其重要的、威力极大的军事装备。车子一般为木制，独辕两轮。最初为一车二马，后来发展为一车四马甚至六马。用于进攻的战车称之为轻车或攻车，用于运输、设障的称为重车或守车。攻车上配备三名士兵，即驾车的戎仆，持弓远攻的甲首和持戈、盾近战的参乘。

《史记·孙子吴起列传》
《资治通鉴·周安王十五～二十一年》
故事来源

吴起伏尸
典故

革新 机智
关键词

吴起
人物

在楚国如鱼得水

楚悼王久闻吴起大名，见吴起来投奔，喜出望外，先委任他为宛（今河南南阳）守，马上又提拔为令尹，主持变法。这一职位吴起已盼望多年，谁知刚刚谋面，楚悼王就满足了他的夙愿。饱尝世态炎凉的

吴起伏尸

吴起助楚悼王改革弊政，得罪了楚国贵族阶层。悼王刚死，贵族叛乱，追杀吴起，吴起负伤逃入宫中，伏身王尸，为给自己报仇，留下了后路。

吴起对悼王的知遇之恩无法言表，决心倾其全力，辅佐悼王治理好楚国。当时的中国，处在两种体制并存的变革时期，一是传统的贵族世袭制，贵族依靠血缘占据高位，瞧不起平民出身的人，更反对任何政治变革；一是新生的封建官僚制，其主要成分是平民出身的实干者，依靠自己的一技之长取得官位，帮助各诸侯王兴邦治国，实现富国强兵、称霸天下的目的。当时的楚国偏居南隅，列国兼并的危机不像中原各国那样紧迫，所以旧体制的成分特别浓，虽幅员千里，甲士百万，但因政治落后，缺乏人才，在同齐、秦、韩、魏等国的角逐中，始终居于下风，这使楚悼王每想起来就感到不安。现在终于有久负盛名的吴起来辅佐他，楚悼王的高兴，不在吴起之下。

政治改革成效卓著

吴起推心置腹地对楚悼王说："楚国所以被迫偏居南隅，受中原诸国歧视，主要是没有找到富国强兵的方法。大王请看，楚国幅员千里，可是国库匮乏，人民贫穷；对

战国中期凤鸟花卉纹绣

此纹绣1982年湖北江陵马山1号墓出土，为战国中期楚国绣品。质地浅黄色绢，绣线有棕、黄绿、淡黄色。花纹为展翅飞凤，凤嘴衔一向两侧弯曲的花枝，双翅左右展开，两脚外张，凤尾中部向后分支，与下排飞凤所衔花枝相交。

外拥兵百万，可是将疲兵弱，毫无斗志。这种国贫兵弱的根源，在于楚国的贵族政治恶性膨胀，对人民的盘剥越来越重。贵族子弟，个个占据一官半职，有名无实，耗费国家钱财，国家岂能不穷？百姓和士兵饭都吃不饱，怎肯去为贵族冲锋陷阵？请大王当机立断，废除不公正的贵族世袭制，建设公正的法治社会；裁掉冗官冗职，减少国库支出；将省下来的钱财和粮食用来奖励优秀的将士，改善平民的生活。大王如能这么做，富国强兵自是意料中的事！"吴起讲得头头是道，楚悼王听得心悦诚服。

吴起重新制定了楚国的官员编制和奖惩条例，雷厉风行地加以推行，于是楚国的财富迅速集中，冗政很快得到改变，民气振奋，军队训练也热火朝天地开展起来。这样一来，几乎得罪了楚国的整个贵族阶层，

战国盛食器：镶嵌三角云纹敦
这是一件战国盛食器，球体，盖与器对称，可分开使用。通体纹饰镶嵌银丝、红铜丝和绿松石，纹饰极为绚丽，是战国几何纹青铜器的代表作之一。

吴起变法失败遭追杀
吴起南行抵达楚国，楚悼王起用吴起为令尹，主持楚国的政治改革。变法仅一年，楚悼王就死去，贵族随即发动政变，追杀吴起。吴起死，吴起变法失败。此图为明末刻本《新列国志》插图。

他们对吴起恨之入骨，因吴起身后有楚悼王的支持，所以只能在背地里咬牙切齿。不久，楚军便成为一支训练有素的军队，吴起指挥他们南平百越，西败强秦，北并陈、蔡，魏、赵、韩等国，也对楚国刮目相看了。

贵族动乱，箭中王尸

公元前381年，正当楚国国势日张之时，楚悼王突然去世了。早已处心积虑想要作乱的楚国贵族们乘机发难，进攻吴起。吴起一看不对，向宫中逃去，叛党们紧追不舍，一直追入宫中。当时楚悼王还未入殓，叛党们将吴起与楚悼王一起包围起来，箭像雨点般射去。身中数箭、走投无路的吴起急中生智，飞身扑到楚悼王身上，紧紧抱住了悼王的尸

世界大事记

雅典、底比斯、科林斯等城邦组成反斯巴达同盟。是年，科林斯战争爆发（前395年—前387年），同盟军击退斯巴达对彼奥提亚的进攻。

木衡和铜环权

我国的度量衡早在四五千年前就已经产生，但最初的度量衡单位都很不精确，比如以人体的一部分来确定长度，"布手知尺，布指知寸"，或"一手之盛谓之掬，两手谓之溢"。随着商品交换的发展，度量衡越来越标准化了，战国时各国普遍用金属作器规范度量衡的单位。这是楚国制造的小型衡器，一套铜环权，其重量大体以倍数递增，总重约五百克，为楚制二斤。

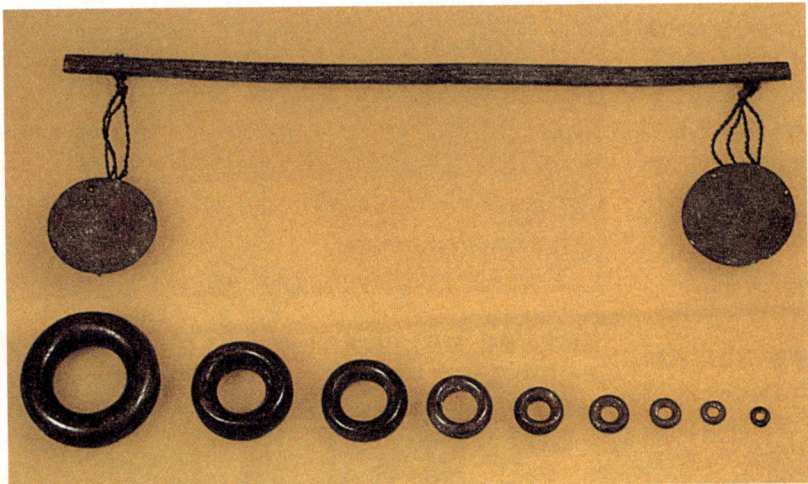

体，疾飞而至的箭镞刺满了两人的身躯。吴起用尽全身力气大叫："我死了微不足道，你们竟然连大王都不放过，如此大逆不道，必定不会有好下场！"说罢气绝身亡。

继承楚悼王的太子即位后，马上命令政法机关搜捕叛党，将箭射吴起并中王尸的作乱者全部诛杀，被处以灭门之罪的楚国贵族多达七十余家。

吴起变法在楚国贵族的动乱中失败了，此后楚国的军政大权依然操在昭、景、屈三大贵族手中，人民生活苦不堪言。这预示着更大的政治风暴将要席卷而来。

浑然一体的水陆攻战纹铜器

战国时期水陆攻战铜器的主体纹饰分三道：第一道表现射礼和侯妃采桑；第二道表现飨食礼、蒍射和捕鱼；第三道表现水陆攻战场面，战卒架云梯登城，桨手摇船奋进。各区既有不同主题，又以花纹联系相互呼应，整个画面浑然一体。

> **历史文化百科**

〔楚国的度量衡器〕

1954年，在长沙左家公山的一座战国楚墓中发现了一杆天平秤。由木杆制成，扁条形，长27厘米。木杆两端0.7厘米处，各穿有一小孔，孔穿丝线，系着两个直径都是4厘米的铜盘。另有大小共9个铜环权，最大的重125克，最小的仅0.6克。这套铜环权的出土为我们研究当时的度量衡情况提供了实物证明。

〇〇九

聂政杀韩相

聂政为报严遂的"知遇"之恩，刺死韩相后，反手用利剑划烂了自己的脸部，再剖腹自杀。

为报仇寻找刺客

韩哀侯特别器重大臣严遂，遇事总先和他商量，这引起了相国韩傀的妒忌，想方设法排挤严遂，二人矛盾不断激化。严遂虽得哀侯宠信，但韩傀是哀侯的叔父，在公室中权势熏天，连哀侯也让他三分。二人矛盾既深，严遂怕韩傀对他下毒手，便逃出了韩国，但又咽不下这口气，想来想去，最后想出了一个绝招，就是收买刺客把韩傀干掉。

严遂逃到齐国，向人打听到轵邑（即今河南济源）有个名叫聂政的勇士，武艺高超、臂力惊人，为避祸躲在那里当屠夫谋生。严遂便找到聂政居处，知道聂政尚未成家，家有老母和长姐，全靠他每日宰牛屠狗糊口。原本豪爽好饮的聂政，见有达官贵人折节下交，自然高兴，一来二往，两人的关系便日益融洽，成了好朋友。

趁生日大献殷勤

一天，适逢聂政母亲的生日，严遂特意备了酒来到聂政家，并举杯聂政母前祝寿，又拿出黄金一百镒献给聂母，作为寿礼。聂政不

韩国酒器：令狐君嗣子壶
战国令狐君嗣子壶为容酒器，颈部有铭文五十字，内容为令狐氏之嗣子铸壶颂词。令狐在今山西临猗西南，战国时期属韩国。

由大吃一惊，坚决拒收严遂的礼金，并说大人若不讲清送此厚礼的意思，聂政决不敢受此无功之禄。严遂迫不得已，便避开他人，私下对聂政说："我有仇要报，在各诸侯国已经行游多时了。来到齐国后，听说足下义甚高，故不揣冒昧地进上黄金百镒，特作为先生的粗衣淡饭之费，以交足下之欢。岂敢有他求于先生！"爽直重义气的聂政听出严遂的话中之意，便开门见山地对严遂说："我一单身男儿，本可四海为家，之所以隐居市井屠夫间，只为奉养老母和家姐。如今老母在堂，家姐的终身大事未竟，我怎敢以身许人呢？"严遂忙说："足下是孝义之人，我怎敢以个人私事强加于足下，刚才谈的不过是我的心事。与足下交往，实在是为了能与足下成为一个知己好友，千万不要让那些烦心之事妨碍了我们的友情。"说罢，严遂一再将那百镒黄金留在聂政家，但聂政坚决不肯接受。严遂在讲述了一番宾主的情谊后，道别而去。

过了些日子，聂政的母亲死了。在办完葬礼和脱下丧服之后，聂政心想：自己只是个普通的市井平民，严遂贵为诸侯的卿相，不远千里来找自己，不惜折节下交，又以重金为母亲贺寿，我虽然没有接受，但他是深知我的啊！他那时想用我，可

公元前 394 年

世界大事记

科农指挥波斯舰队于小亚尼多斯海角战败斯巴达舰队，摧毁其海上霸权。

《史记·刺客列传》
《战国策·韩策》

忠义 勇敢

聂政

人物 关键词 故事来源

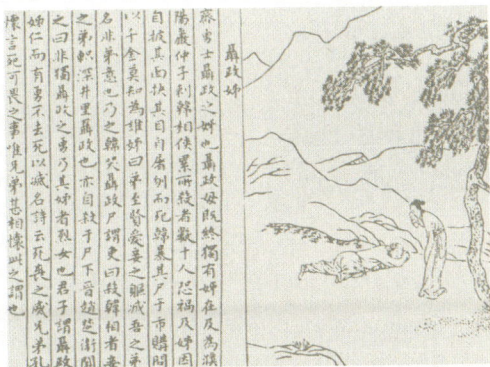

聂政刺侠累（上图及右图）

《史记·刺客列传》载，韩国人聂政为报韩国大臣严仲子的知遇之恩，仗剑闯进韩相侠累（即韩傀）府中，出其不意地杀死侠累，自知寡不敌众，为了死后不连累姐姐，于是自毁面容，剖腹自杀而死。上图中女子为聂政的姐姐聂荌，此图为西汉刘向《列女传》插图。

我有老母在堂。今老母以天年终，我将为知己者用。想到这里，聂政便西至濮阳找到严遂，告诉他，现在可以为他报仇了。严遂一听，悲喜交集，急忙去准备车马。聂政伸手拦住说："车多人杂，人多嘴杂，那韩傀戒备森严，万一走漏风声，于事不利。"说完，收拾了些衣物金钱，向严遂要了一把利剑，就独自一人前往韩国。

只身勇猛闯盛会

这天，正逢韩国在东孟举行盛会，韩哀侯、韩傀都在这里。化了装的聂政随着围观的群众向前靠拢，瞅准时机，一个箭步窜出人群，冲上台阶，拔出利剑就向韩傀刺去。毫无防备的韩傀大惊失色，一转身抱住哀侯，说时迟，那时快，聂政快如霹雳闪电，利剑刺透韩傀的身子连带伤了哀侯。卫士们顿时大乱，纷纷操起戈、剑向聂政攻来，聂政暴喝声中连杀十多人，看看冲不出去，反过利剑向自己脸上乱划，挖出

自己的眼睛，又割开自己的肚子，然后倒地身亡。韩国把聂政的尸体陈列在大街上，悬赏千金征求能认出他的人，可是聂政的脸早已被利剑划得面目全非，没有一个人知道他是谁。

更有姐姐烈女子

聂政的姐姐聂荌在家中这几天总感到心惊肉跳。听到韩相被刺的消息，马上意识到是自己弟弟干的，于是，急忙赶到韩国，找到聂政的尸体，一见那熟悉的贴身衣衫，果然是胞弟聂政。她悲痛欲绝，放声大哭说："弟弟呀，你是一个勇士，古代的孟贲（bēn）、夏育、成荆因为勇敢而名留千古，可你如此死了，却无人知道你是谁！你为了不连累姐姐，死前将自己划成这副模样，你的勇敢实在比他们有过之而无不及，姐姐为有你这样的弟弟而自豪啊！我的弟弟是轵邑深井里的聂政！"说罢跳起来，大叫三声"天啊！"在聂政旁边撞柱自杀了。这一年是

公元前374年。

聂政及其姐姐的壮举轰动了整个韩国，又飞快地传遍各地。人们不禁议论：中国的劳动人民自古以来就有善良、诚实、勤劳、勇敢等美德，然而这次聂政的举动只是做了贵族统治者之间勾心斗角的牺牲品，这是很惋惜的。

中国大事记 周安王册封田和为齐侯，列于周室。不久，齐康公去世，姜姓齐国灭亡，田氏齐国开始。

稷下学宫盛况

战国时代的齐国，由于统治者爱好学术文化，便开设了一个规模宏大的学宫。请看那里的热闹场景。

学者自由讲论、共同研讨的场所

战国时期齐国为招引学者前来讲学，开设了一个学宫，它位于齐都临淄城西面的稷门附近，在稷山之下，因此称为"稷下学宫"。学宫建立之处，原来是谈说之士经常聚会的地方。开设学宫后，在那里建起了讲室、馆舍。学者们定期在学宫聚会，进行讲学活动更方便和频繁了。来到学宫讲学的人称"稷下先生"，他们各著书立说，谈论如何治理国家。

稷下学宫的创立者是齐桓公，这不是春秋初年的霸主，而是战国时期的田齐桓公，公元前374年到前357年在位。建稷下学宫后，就招致贤人，给以大夫的称号，尊宠有加。当桓公子齐威王时，稷下学宫有了进一步的发展。威王子宣王更喜爱文学游说之士，学宫更加繁盛。直到齐襄王时（公元前283年到前265年在位），稷下学宫犹存。据说当时来学宫讲学的人，都给予"列大夫"的地位。荀子五十多来游学，由于他的学问和声望，曾经三次当了荣誉最高的"祭酒"。

> 历史文化百科

〔我国最早的学术活动中心——稷下学宫〕

稷下学宫是战国时期齐国在其都城临淄稷门外开办的一个学术活动中心。史载学宫由田齐桓公（田午，前374年—前357年在位）创办，最盛时学者有上千人。历代齐王都对学者优厚有加，任各派学者自由论辩、发表演讲，对当时百家争鸣、繁荣学术起了极大作用。重要学者孟子、邹衍、田骈、接子、淳于髡、慎到、宋钘、尹文、环渊、鲁仲连、荀子等，都曾在稷下学宫论学授徒，使稷下学宫成为当时中国最大、最富有活力的学术中心与人才高地，对当世及后来的学术文化发展产生了巨大的影响。

学宫的学术讲论活动，在齐国一直延续了一百余年。

待遇优厚，贤士云集

齐王对来稷下学宫讲学的学者，一向给予优惠的待遇。除了赠予"列大夫"的称号和高额的俸禄，还给他们分配高门大屋的住房，专门划出一个区域，给稷下学者居住；在居住区内开辟宽敞的大道，让学者和官吏们自由往来，显示出宏伟的气派。据说齐宣王时稷下学者七十六人，都赐以大住宅，命为"上大夫"，让他们在学宫中高谈阔论。由于统治者的扶持、提倡，稷下学宫的规模愈来愈大，学者云集，最盛时学者达到数百人，甚至上千人。这在战国时代，真是一个奇迹。

当时各国的学者，大部分都到稷下学宫来讲过

亚圣的庙石坊

孟庙，又称亚圣庙，位于山东邹城市南关，南临大沙河，是祭祀孟子的地方，始建于北宋景祐四年（1037年）。亚圣庙石坊，是亚圣庙第二进院落门坊，始建于明万历初年。石坊柱顶以宝瓶、穿云板装饰，类似华表。正中坊额镌刻"亚圣庙"金字楷书。在左右坊心镌以"云中翼龙"、"海水蛟龙"图案，精美异常。

公元前 394 年

世界大事记

波斯授予小亚希腊诸城以自治权，并撤退其驻军。小亚的爱奥尼亚人叛离斯巴达，建立民主政治。

《史记·田敬仲完世家》
《史记·孟子荀卿列传》

齐宣王　荀子
博学　尊贤

人物　关键词　故事来源

学，其中较著名的有：齐国人田骈，著作有《田子》二十五篇；接子，著作有《接子》二篇；淳于髡，言谈诙谐幽默，著作未详；邹衍，善言谈辩论，提出过"大九州"等学说，著作有《邹子》四十九篇和《邹子终始》五十六篇；邹奭，善写文章，著作有《邹奭子》十二篇；鲁仲连，好出奇策，著作有《鲁仲连子》十四篇；楚国人环渊，著作有《蜎子》十三篇；宋国人宋钘，著作有《宋子》十八篇；尹文，著作有《尹文子》一篇；邹国人孟轲，著作有《孟子》十一篇；赵国人慎到，著作有《慎子》四十二篇，荀卿，著作有《荀子》三十二篇，等等。

争鸣热烈，成果累累

上述这些学者，分属于不同的学派。他们自由讲学，各抒己见，互相切磋，必然形成热烈的争鸣气氛。据说齐国有个辩士田巴在稷下学宫讲学，他诋毁五帝，斥责三王，赞美五霸，一天折服千人。有个年轻人鲁仲连发问说："今楚攻南阳，赵伐高唐，燕夺聊城，国家危亡在旦夕，先生该怎么办？"田巴无言以对，乃终身不谈，可见稷下学宫讲学活动中交锋的激烈。孟子能提出"民贵君轻"，荀子提出"制天命而用之"即制服天命而利用自然等先进理论，显然是受了稷下学者热烈争鸣的思想影响。

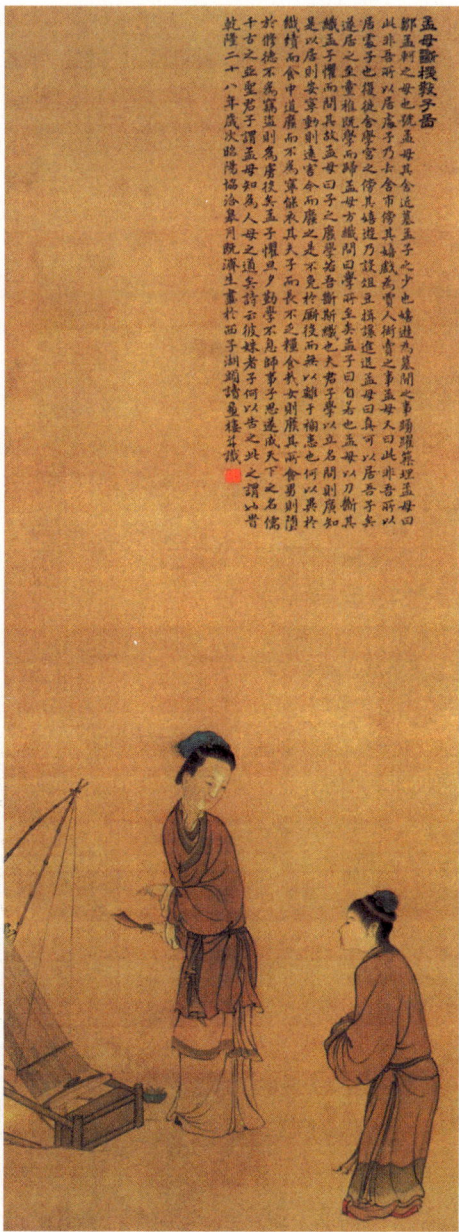

除稷下学者个人的著作外，学宫还有许多集体的研究成果。现今流传的《管子》一书，内容丰富，包罗万象，它就是稷下学者的论文汇编。齐威王时，又命稷下学者追论整理古代的《司马法》和春秋时的《穰苴兵法》，使它们重放光辉。

稷下学宫的创办和学术交流活动的盛行，使齐国成为战国时代学术文化的重要中心，在当时以至后世都产生过积极的影响。　〉杨善群

《孟母断机教子图》（清·康涛）
孟子幼时丧父，母亲很重视对他的教育。一次孟子逃学，母亲知道后非常生气，拿起剪刀来，当着孟子的面把织布机上的织线剪断，说：你看这织布机上的布是一丝一线织起来的，现在剪断了就无法织成布了。学问也是点点滴滴积累起来的，怎么能半途而废呢？孟子听了很是惭愧，从此发奋读书，终成一代宗师。

公元前385—前337年
前385年
前337年

中国大事记

申不害在世。申不害，郑国人，曾任韩相，进行改革，强调"法"与"术"。其著作《申子》已佚，有辑本多种。

惠施（约前370年—约前310年）是宋国人，与庄周同国籍，又是好友。庄子说"惠施多方"，指他有多方面的学识和才能。惠施是战国著名的思想家，也是一个政治家。

惠施多方

惠施在魏国任相，魏惠王想把王位传给他；他经常同思想家辩论，思路敏捷。最可贵的是，他知识渊博，能遍为万物说。

在魏国任相

惠施曾经担任魏惠王的相，帮助惠王制定新法，从国王到民众都认为新法甚好。惠施辅助惠王，使得魏国强盛。惠王自己感到品德和才能各方面都不如惠施，于是要把国王的大位传给他，就对惠施说："上古时代拥有国家的人，必定是一个贤者。寡人在各方面都不如先生，情愿把国王之位传给先生。"惠施坚决推辞。惠王又说："把王位传给贤者是为了平息国内贪婪争斗的状态。"惠施还是坚决不接受，说："让一个布衣当国王，反而会加剧人们的贪婪争斗之心，因为人们都会认为自己是贤者而来争夺王位。"惠王见惠施坚决不接受，只得作罢。

由于魏国地处秦国的东邻，魏国的强大成了秦向中原扩展、统一全国的绊脚石。张仪担任秦相，想推行联合魏、韩、齐的连横策略，以破坏魏、燕、赵、齐、楚的合纵战略。作为思想家、政治家的惠施一眼就看穿了张仪的伎俩，一旦合纵的联盟破除，魏国将

首当其冲地遭到秦国的攻打，于是坚决主张合纵而反对连横。无奈惠王已经去世，魏襄王中了张仪的离间计，就不那么信任惠施了。惠施见自己的政治主张不能实施，就离开魏国，回到了自己的故国。

同庄子论辩

惠施回到宋国后，同道家思想家庄周的交往比较密切，经常讨论一些哲学上的问题。

有一天，他们到濠水游玩，这里青山绿水，一片

明抄本《战国策》

《战国策》是一部国别体史书，一般认为是由秦汉人杂采各国史料、笔记编录而成，最后由西汉刘向编定为33篇。书中记载了从战国至秦始皇去世共245年的史事。虽然由于内容多夸饰失实而使其真实性大打折扣，但其艺术成就却为世所公认，对汉以后的辞赋、散文均有深远的影响。

> ▷历史文化百科

〔谋略大观《战国策》〕

《战国策》是战国时期各国游说之士计策、谋略及言论的汇编。最初书名纷繁，有《国策》、《事语》、《长书》、《国事》、《短长》等不同称呼。西汉末年，刘向汇集了三十三篇合订为一书，取名《战国策》。流传到宋代已有缺佚，曾巩再予补订，鲍彪则将全书重新排序并予注释。

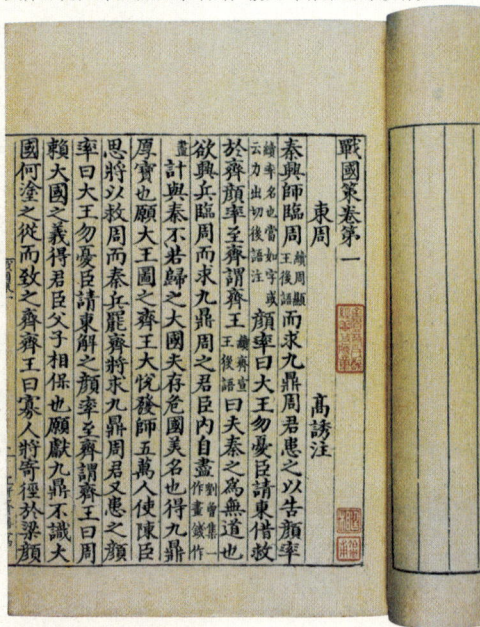

世界大事记

雅典得波斯援助，重修至皮里优斯港的长墙，国势重振。基克托迪斯群岛建立民主政治。

惠施
庄周

博学
善思

《吕氏春秋》
《庄子·天下》
《庄子·秋水》不屈

人物　关键词　故事来源

历经沧桑的鸿沟

鸿沟是我国古代著名的运河，大约于战国时魏惠王十年（前360年）开凿。其故道从河南荥阳北引黄河水东流经今中牟、开封，折而南经通许、太康，至淮阳东南入颖水，连通了济、濮、汴、睢、颖、涡、汝、泗、菏等主要水道，形成了黄淮平原上的水道交通网。秦末楚汉相争即以鸿沟为界。只可惜后来随着各河道的变迁，鸿沟也逐渐湮没。图为鸿沟古河道遗址。

大自然的好风光。两人信步走过横跨在濠水上的桥梁，看到清澈见底的濠水中的游鱼，或觅食，或嬉戏，放逸逍遥，庄子不由自主地说："这些鱼多么快乐呀！"惠施问："先生不是鱼，怎么知道鱼快乐不快乐呢？"庄子反问道："先生不是我，怎么知道我不知道鱼的快乐与否呢？"惠施说："我不是你，确实不知道你；你也确实不是鱼，你也不知道鱼是否快乐，这就对了。"庄子说："我游濠上而乐，故知鱼游濠下亦乐也。"这就是思想史上著名的"濠梁之辩"。人当然不能完全了解鱼的喜怒哀乐，可是鱼在被披鳞剖腹时当为哀怒，在水中得其自然天性时当为喜乐，是大体上可以知道的。两个思想家的见解都有一定的道理。惠施还同庄子讨论过天下有没有公认的是非标准、人有没有情感等问题。

遍为万物说

惠施对于自然界的研究，具有特别浓厚的兴趣。他的一些观点，保存在《庄子·天下》篇中。如他说：

"至大无外，谓之大一；至小无内，谓之小一。"这里，他可能猜测到宇宙是无穷大的，而物质可以不断分割到最小的粒子。又说："无厚不可积也，其大千里。"这里，他可能猜测到空气在自然界的运动。当然，他有时抹煞事物的差别，把大自然界看作浑然一体。如他说："天与地卑（比，相连），山与泽平。"学界把他的这些观点概括为"历物十事"。

体现酿酒业繁荣的战国陶缸

此陶缸山东莒县出土，形体硕大，缸口直径与缸体高度均为97厘米。缸底均匀排列漏孔7个，缸口边沿厚重，可承受缸体悬空。缸体自上而下收缩为圆尖形，底部不能直立地面，说明此缸是专用于酿酒的滤缸。七孔大滤缸的发现，足以证实当时酿酒业的规模和繁荣。

据说南方有一个奇人叫黄缭，也特别爱好研究自然。他到北方来向惠施请教："天上的日月星辰为什么不坠落下来？地上的高山土石为什么不塌陷下来？风雨雷霆为什么会产生？"惠施思维敏捷，不加思虑，对答如流，滔滔不绝，遍为陈说万物的原由。惠施真是一个好学深思的多面手。　〉王廷洽

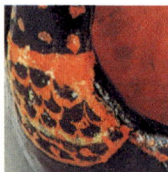

申不害走后门

在战国时代各国的变法改革中，韩昭侯时任用申不害改革是一次不成功的改革。请看这次改革的原委。

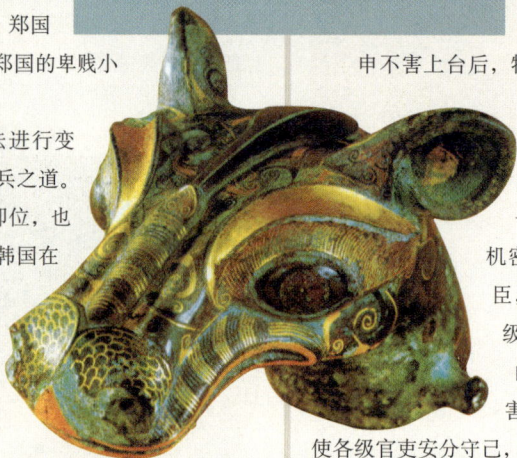

依靠钻营，掌握相国大权

申不害原是郑国京邑人，其地在今河南荥阳市东南。他起初是郑国一个地位卑微的小臣。公元前375年，郑国被韩攻灭，申不害也由郑国的卑贱小臣变成韩国的百姓。

当时各国都在设法进行变法改革，以谋求富国强兵之道。韩昭侯于公元前362年即位，也很想进行改革，以摆脱韩国在七雄中最为弱小的困境。申不害认为这是一个飞黄腾达的好机会，于是就学了一点刑名、法术的理论来游说韩昭侯。公元前355年，韩昭侯被申不害的花言巧语说动，即起用申不害为相。

讲究权术，削弱法制作用

申不害上台后，特别强调国君要用权术统治臣下。他主张要把权柄集中于国君一人，使群臣围着国君转，就像车辐围着车轴运转一样。他要国君声色不露，靠机密手段，在暗中观察和驾驭群臣，使人望而生畏。他还要求各级官吏不能逾越职权办事，分外的事即使知道也不能讲。申不害这样主张的目的，虽然是为了使各级官吏安分守己，防止大臣篡权犯上，但也堵塞了言路，使国君听不到真实的情况。申不害强调这种阴谋权术，国君可以驾驭臣下，奸臣也可用来作弄君上，使奸邪丛生，国无宁日。

再说，申不害强调权术，必须削弱法制的作用。当时韩国的法令乱七八糟：原来在晋国通行的旧法还没有作废，韩国的新法又颁布了；前一个君主的法令还没有收回，后一个君主的法令又下来了。而且这些法令往往新旧相反，前后相悖，不法之徒就利用这些法令的矛盾而做坏事。韩非曾一针见血地批评说："申不害不能认真地制定刑法，不能统一国家颁布的宪令，故韩国奸人坏事特别多。"

不能以身作则，改革收效甚微

有时，申不害也能讲些严明法制等漂亮话，但他自己就不能以身作则。一次，韩昭侯对申不

金银错技术的创造

战国时代青铜工艺技术不断创新，首先是金银错技术，即在铜器表面上镶嵌金银丝，构成图案或文字。战国早期，开始在铜器上施以大片的金银错图案。战国中期，这种工艺的精致程度就达到高峰，不仅用于兵器、礼器、用器上，还用于车器、符节、带钩、铜镜、玺印和漆器的铜扣上。图为错金银兽首形铜轭饰。

> 历史文化百科

〔主张以法治国的学派——法家〕

法家是战国时期主要学派之一，因主张以法治国而得名。

法家学派的先驱，一般以春秋时期齐国的管仲、郑国的子产为代表。战国初期，法家学派渐渐形成，开创此派的代表人物有李悝、商鞅、申不害、慎到等人。到战国末期，韩非综合商鞅的"法"、慎到的"势"和申不害的"术"，形成集大成的新法家学派。法家学说为中国大一统的封建专制王朝的建立提供了理论根据和统治法术。法家学派的代表作有《商君书》、《韩非子》，其余大部分载于《汉书·艺文志》。

公 元 前 3 9 3 年 ＞ 世界大事记 斯巴达封锁科林斯。

《韩非子·外储说左上》
《韩非子·定法》

法制 浅薄

申不害

人物　关键词　故事来源

害说："法制实行起来真不容易啊!"申不害马上回答："法制就是见有功劳而给予奖赏，因其能力强而授予官职。现在君上设法制而听从左右大臣的请托，这样法制就难行了。"昭侯接着说道："我从今以后知道怎样行法了。寡人为什么要听从别人的请托呢?"

然而过了不多久，申不害自己到韩昭侯那里，请求给他的堂兄一个官职。昭侯听后为难地说："这不是你教给我的正道啊! 我是听从你的请托，败坏你的法度，还是用你的法度而败坏你的请托呢?"申不害听后觉得此路不通，就站起身来离开席位，向韩昭侯请罪。

申不害为了改革而定的法制，他自己首先不执行。他堂兄要求做官，不是通过公开的能力测试，而是通过申不害跑到韩昭侯那里说情，走后门。一个改革的主持者其素质如此，这个改革怎么能搞得好?

据历史记载，在韩昭侯当政之时，兵祸与外国入侵者屡次交加于韩国。就在申不害去世的前二年，公元前343年，魏国攻韩，韩不堪一击，很快就一败涂地，只得向齐求救，因而爆发了齐魏马陵之战。韩国并没有因为申不害改革而国力有所增强，这是一个明显的事实。 〉杨善群

> 历史文化百科 <

〔青铜器上的装饰文字——鸟书〕

鸟书是东周时的一种字体，春秋后期出现，到战国时盛行。最初只在江南的吴、越、楚、徐、蔡使用，后来风行全国，多镂刻在青铜器上，且大多错金，所以非常美观，有很强的装饰性。它的基本特征是书写时在笔画上饰以鸟形，所以称为鸟书。汉代以后渐渐消失，仅在少数印章上使用。

白玉双龙首璜

这件白玉双龙首璜是战国时期玉器中的精品，中间龙身双面皆为卷云纹的浮雕，两头深色部分则雕成龙头。刀工细腻，玉体晶莹，实为古代玉器中罕见的巧作。

〇 — 三

九年安乐不理朝

齐威王即位为王，心中没有了隐患，便一反祖父齐太公、父亲齐桓公勤政爱民的作风，整日吃喝玩乐，对国家大事不闻不问。魏赵韩进攻齐国，占了灵丘、博陵，他不管；鲁国进攻齐国，占了阳关，他不管；卫国进攻齐国，占了薛陵，他不管；赵国又进攻齐

刻有快鹿的战国瓦当

陕西凤翔县出土的鹿纹瓦当，泥质灰陶，圆形，上琢一昂首奔腾的鹿，形象逼真，姿态生动。

论琴拜相

齐威王即位后醉心歌舞，不理朝政，齐国大乱。文士邹忌以琴为媒，向威王进谏。威王顿悟后拜邹忌为相，齐国开始走上大治之路。

国，占了甄邑，他还是不管。这样一直过了九年，齐国朝纲松弛、百官懈怠。朝野闾巷间议论纷纷："楚庄王三年不鸣，一鸣惊人；三年不飞，一飞冲天。可我们大王怎么啦？已是整整九年了！"

以琴作喻谏齐王

有个琴师，名叫邹忌，听说了此事，弹着弦琴来求见齐威王。齐威王见了很高兴，请他在王宫的右室住下。过了一会，齐王也弹起琴来，邹忌推门而入，

邹忌论琴拜相

邹忌是战国时期的传奇人物，弹得一手好琴，借弹琴向齐威王进谏。齐威王顿悟，立即拜邹忌为相。邹忌执掌齐国相国之印，使齐国逐步走上大治之路。此图为清末民初的石印本《东周列国志》插图。

公元前392年 >

世界大事记

斯巴达迫于困境，遣使向波斯求和，同意将小亚希腊诸城并入波斯版图，并承认波斯王对全希腊的最高权力。

《史记·田敬仲完世家》

齐威王 邹忌

论琴拜相

识才 尊贤

人物　典故　关键词　故事来源

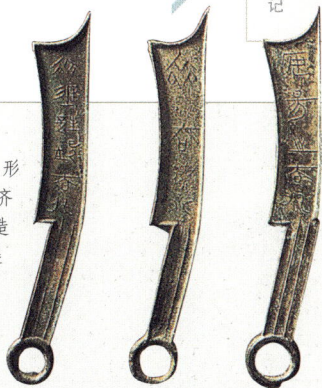

齐刀币

战国时期齐国货币，形状像刀，故又称"齐刀币"。齐刀币铸造规矩整齐，形体美观，上多刻有文字，如"某某地缶（宝）化（货）"等。

听了一曲就赞扬说："弹得好啊！"齐王想考一下邹忌的学识，便问："何以知其弹得好？"邹忌就以弹琴为论题，滔滔不绝地谈开了："这弹琴，大弦要浑厚而春温，就像君一样；小弦要婉转而清爽，就像相一样；抓得深而放得愉悦，就像政令一样；弹得大小相益，和而不乱，琴音就协调好听。治国家而安人民，也就像这弹奏琴音一样。"一席话，说得齐王大开眼界，想不到弹琴还能和治国挂起钩来。齐威王知道邹忌有学识，三个月后就拜邹忌为齐相，辅佐治理齐国。

对答如流，治国有方

有个学者淳于髡听说邹忌当了齐相，便来求见请教，邹忌乐意接待。淳于髡说："得全全昌，失全全亡。"邹忌答："对君王，请谨慎不离。"淳于髡说："膏油能润轴，但穿方孔不能转。"邹忌答："对左右大臣，请谨慎协商。"淳于髡说："弓干以胶合，但不能补疏漏。"邹忌答："请谨自附于万民。"淳于髡说："狐裘不可补以黄狗皮。"邹忌答："请谨择君子，不杂小

人。"淳于髡说："大车校理而能载，琴瑟校理而能成五音。"邹忌答："请谨修法律而督奸吏。"淳于髡说罢出门，对其仆人说："此人对答如流，必能因功受封。"过了一年，齐王果封邹忌以下邳，号成侯。

邹忌以他的学识和才能，成为齐威王改革的主持者。

战国朱绘陶豆

此器由两个半球形器组合而成：上部为盖，盖上有三足朝上；下部为浅盘，细长柄，足成喇叭形，器身有朱色绘图。是典型的战国陶器。

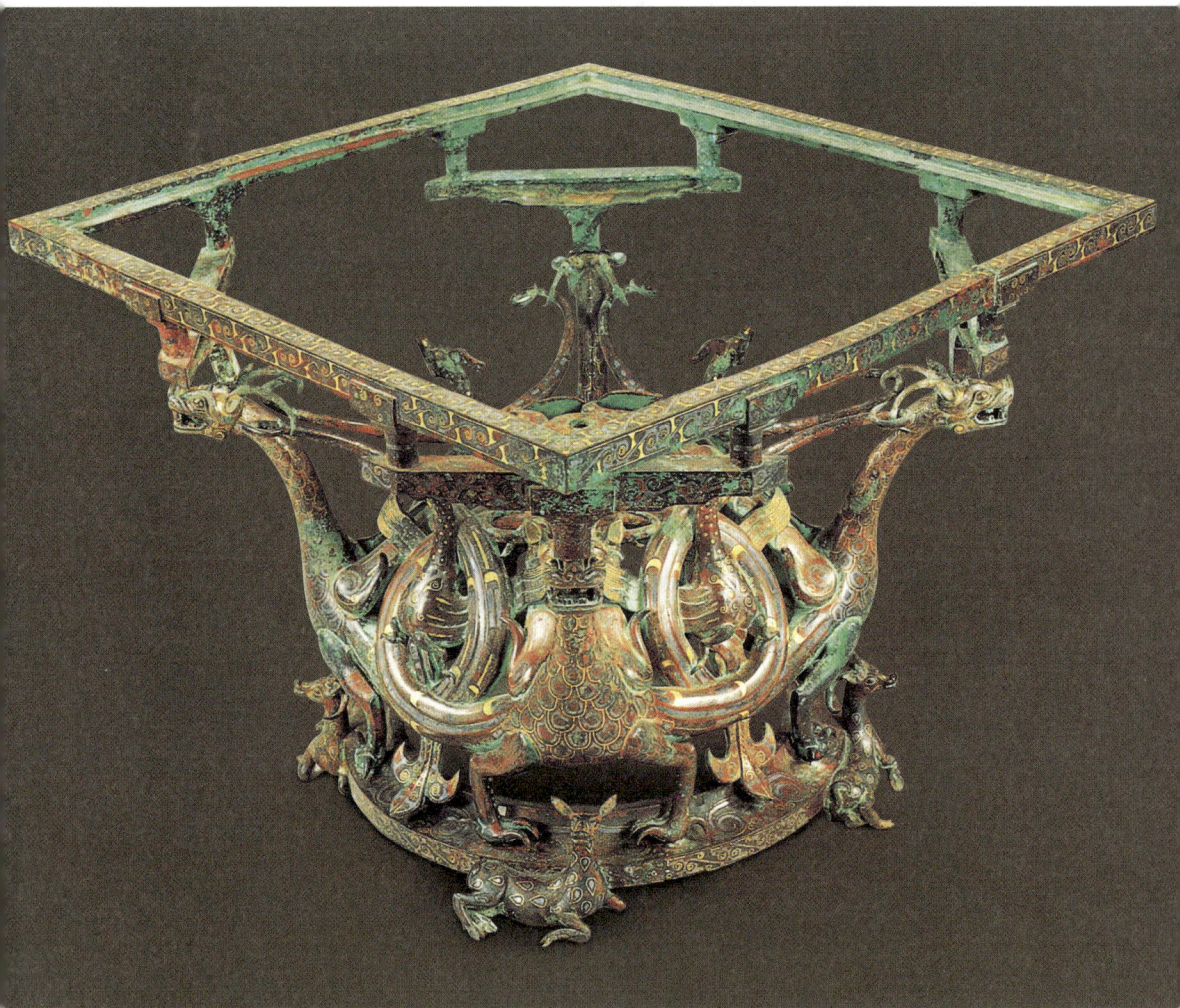

四龙四凤四鹿方案器座

公元前 3 9 2 年

世界大事记

斯巴达封锁雅典。

《战国策·齐策》

邹忌　齐威王

忠言纳谏

人物　关键词　故事来源

〇一四

齐威王纳谏

齐相邹忌从亲友对自己的赞美中悟出了受蒙蔽的道理，齐威王受此启发而鼓励臣民进谏，齐国因此大治而富强起来。

众人称"美"的启示

齐相邹忌身高八尺，奇伟英俊，算得上是个美男子。一天早上，他穿好朝服准备上朝，顺便照照镜子看还有什么不周全处，望着镜子中自己浑身光鲜的样子，不禁得意地问身旁的夫人："你看，我跟城北的徐公比，哪个英俊？"夫人回答说："你长得这么美，徐公怎能比得上您呢？"徐公是齐国有名的美男子，邹忌不相信妻子的话，转身再问身后的小妾："你说我与徐公哪个美？"小妾也说："徐公怎么比得上您呢？"第二天，有位客人来访，二人聊天时，邹忌笑着问客人："我与徐公谁长得英俊？"客人客气地回答："徐公比不上您英俊。"

说来也巧，又隔了一天，徐公恰巧到邹忌家来拜访。邹忌一边和他谈话，一边仔仔细细地观察徐公，觉得徐公比自己英俊；后来又对着镜子再三审视，觉得自己比徐公差得远了。当天晚上，邹忌独自一人躺在床上，反复思考这个问题，他一边思忖一边有所领悟，自言自语道："我妻说我美，是爱我；妾说我美，是怕我；客人说我美，是有求于我啊！"

下令鼓励直指错误

次日上朝，邹忌对齐威王讲了这桩事情，说："臣确实长得不如徐公美，但因为妻子爱我，小妾怕我，客人有求于我，所以都说我比徐公美，如果我相信了他们的话，我就受到了蒙蔽。现在我们齐国地方千里，一百二十座城，宫妃嫔娥，侍卫内臣，无人不爱大王；

四龙四凤四鹿方案器座（左页图）
河北平山县战国时期中山国墓葬出土的四龙四凤四鹿方案，又名龙凤纠结方案。用途相当于今天的桌子，可惜案面已毁，仅剩底座。这是一件前所未有的青铜工艺精品，通体饰金银错花纹，造型优美，铸造工艺精细。

百官大臣、满朝文武，无人不敬畏大王；四境之内，士农工商，无不有求于大王，他们都在说同样赞美的话。由此可知，大王将要受到的蒙蔽更大啊！"齐威王一听，觉得大有道理，连说："对，对！这肯定对治国不利。"于是下了一道诏命："无论官民，能当面指出寡人过失者，给上赏；能上书指出政疵、提出建议者，给中赏；能在朝廷和街市间，指出寡人的错误而被寡人知道者，给下赏。"

"战胜于朝廷"的褒扬声

诏令一出，官民争着献议，宫廷门口，宛如集市。几个月后，给齐王贡献建议者逐渐减少。过了一年，因为各方面的事都安排得井井有条，竟没有再来进谏献议的人。燕、赵、韩、魏等周边列国，听说齐威王如此治理国家，纷纷派使者持书奉礼，争着同君臣贤明、万众归心的齐国修聘结好。

邹忌作为相国，能及时把自己的想法告诉齐王；而威王也胸怀坦荡，能马上接受臣下的建议。这就是为什么齐国在战国中期能强大起来的原因。人们称赞邹忌和威王的做法是"战胜于朝廷"。

〉历史文化百科〈

〔传说神仙所在的地方〕

先秦时期，人们传说东西两处是神仙所在的地方：东方海中的仙山和西方黄河之源的昆仑山。齐、宋、燕等地方的人们以为，渤海中有蓬莱、方丈、瀛洲三座仙山，上有用金银造的宫阙，有白色禽兽，山上住着仙人并有"不死之药"。中原及以西地方的人们以为，西方的昆仑山是神仙居住的地方。昆仑是上帝的"下都"，既是黄河发源地，又有天梯的性质，建有九重门、九重城，依次倾宫旋室、悬圃凉风，直登天堂。

整顿吏治动真格

从调查研究入手

阿城大夫"数字出政绩"，行贿送礼后赢得一片喝彩，准备升官；即墨大夫勤政清廉，不走门道，导致谤言四起，舆论险恶。齐威王操动权柄，整顿吏治，全国震动。

齐威王在邹忌辅佐下治理齐国，决定从整顿吏治开始。为此，他向大臣们询问各地官员的政绩情况，大臣们一致认为，是中间大、两头小，即中等的占多数，好的、坏的占少数。齐威王表示，好的要奖励，坏的要惩处，通过奖优罚劣，促进官吏队伍的优化，于是让邹忌搜集这方面的反映。过了些日子，邹忌汇报说，朝野间一般认为最好的地方官是阿城（今山东阳谷县东北）大夫，最坏的地方官是即墨（今山东平度市东南）大夫。为使奖惩的依据准确无误，齐威王又派人前往阿城、即墨暗中调查。

这天廷议，齐威王有意无意地提到阿城大夫，只见大臣们似乎一下子来了精神，纷纷赞扬阿城大夫政绩突出、精明强干；当话题转到即墨大夫时，气氛突然大变：有的摇头不语，有的啧啧叹气。根据以往廷议的惯例，阿城大夫的高升与即墨大夫的遭贬看来已是指日可待了。果然，没过多久，齐威王下令召阿城大夫和即墨大夫回都述职。

即墨大夫受到重奖

阿城大夫、即墨大夫先后来到都城，齐威王传令召见。这天，先行上朝的文武大臣见大殿上架起了一口大锅，下面干柴烈火熊熊燃烧，锅里的水已经沸腾。看到这个阵势，大臣们无不暗暗吃惊。不一会，即墨大夫首先被传上殿来。衣衫朴素的即墨大夫神情坦然，向齐威王行过礼后站在下面听候指示。齐威王说："自从你到了即墨，指控你的信件和说你不好的流言，天天传到寡人这里。但是，寡人派使者去即墨明察暗访，却见即墨田野开垦，长满绿油油的庄稼，即墨人民安居乐业、生活富足，各级官衙里政务清明、办公勤勉。这么多年来，即墨地区治理有方，使齐国的东边，安宁稳固。寡人以为，你致力地方治理，不吹牛、不拍马，不向朝廷有关方面行贿讨好，以换取赞誉与升迁，而是勤勤恳恳、实实在在，造福于一方百姓，深得寡人之心。今天，寡人封你俸禄万户，以示对勤政清廉的表彰！"

战国象形铜灯

此灯于1967年河北易县燕下都武阳台出土。灯的整体为象形。象呈站立状，长鼻高卷，口微张，两只短粗象牙从嘴角伸出，腮部略鼓，双目圆睁，两耳下垂。象体肥硕，臀部较宽，两胯隆起，卷尾向下，四足粗壮。象背承托一灯盘，盘沿平折，浅腹，与象体连铸。腹部右侧有铭文三字。大象善游水，性情温驯，寿命长达八十年，自古以来就被视为吉祥动物，太平盛世的瑞应。古代传说圣王舜、禹葬时，就有象为耕田、鸟为耘地的吉祥嘉瑞。传说黄帝在泰山祭祀鬼神时，也有驾象车而驱六蛟龙的现象。故战国时期出现的象形灯，也应有向往平安吉祥之意。

公元前 390 年

世界大事记

高卢人进攻罗马，"鹅救罗马"。

《史记·田敬仲完世家》

法制　民本

齐威王　烹誉赏毁

人物　典故　关键词　故事来源

制作精美、造型生动的战国玉器
战国时期玉器的主要特点，一是玉质优良，二是琢玉技艺精湛，三是龙的形象居战国玉器神瑞图案中的首位，其次是虎、凤。图为双龙首玉璜、三龙蟠环透雕玉佩。

阿城大夫被活煮

在众大臣的一片惊讶声中，阿城大夫被召上殿来。齐威王看着这位衣衫鲜明、精明富态的阿城大夫，对他说："自从你到了阿城，寡人几乎每天都能听到对你的赞誉，可是，寡人派使者到阿城去调查，却见田地荒

芜、野草连片，人民面黄肌瘦、衣衫褴褛，百姓在公开场合不敢说话，只能在暗地叹息。前次赵国进攻我国甄城，你近在咫尺不去援救，卫国侵占我国薛陵，你装聋作哑，视而不见。你平日里只是拼命搜刮地方，暴虐百姓，自肥腰包，又拿着这些民脂民膏贿赂朝中大臣，以求得他们对你的褒奖，目的是再一次提升。你吃的是国家的粮，干的是祸国殃民的事！如果让你这样的人得逞，齐国岂不亡国无日了！"齐威王越说越气，声音也越来越高，末了大喝一声："来人，将他投入锅中！"

杀一儆百效果好

刚才还做着升官美梦的阿城大夫吓得屁滚尿流，两边武士走上前去，架起瘫倒在地的阿城大夫投入了沸腾的大锅中。齐威王又一一点名，把查有实据，在举荐、选任、评誉阿城大夫升迁过程中负有责任的几个朝臣也

一起投入锅中煮死。

经过这次实实在在的奖惩，齐国各级官吏个个震惊和畏惧，他们再也不敢贪污腐化，行贿受贿，散布虚假的流言和政绩，人人奉公守法，务尽其诚。齐国由此大治，国势很快强盛起来。

战国错银羊形盂（上图）
陕西汉中出土，用途不详。此器通体用纤细的银丝嵌错流云纹，制作精致，反映了战国时期金银错镶嵌工艺的较高水平。

〇一六

淳于髡智谏齐威王

齐威王虽有向治之心，却难改奢靡恶习。淳于髡把酒"戏言"相劝，想不到屡见奇效。

淳于髡，齐国人，出身贫苦，曾当过赘婿，即上门女婿，为人家干活。后来，他到稷下学宫讲学，是有名的稷下先生之一。他又当过齐威王的使者，立下功劳。淳于髡个子矮小，身高不满七尺。他的最大特点是滑稽多辩，在谈笑间给人以教育。

"国中有大鸟"

齐威王即位时，沉湎酒色，好为长夜之饮，百官荒乱，诸侯并侵，国且危亡，左右不敢进谏。淳于髡就对威王说："国中有大鸟，停在王的庭院中，三年不飞又不鸣。王知道此鸟为什么吗？"威王一听，明白是讲自己，乃回答说："此鸟不飞则已，一飞冲天；不鸣则已，一鸣惊人。"于是就召集各地县令、长官，严明赏罚，国内大治；又训练军队，奋兵而出，诸侯震惊，都归还所侵土地。淳于髡的一句问话，其作用竟如此之大。

漫话祭祀喻礼经

公元前349年，楚宣王调集大军，向齐国进攻。为了东西夹击对付楚国的侵犯，齐威王派淳于髡为使节，去赵国请求援兵。他让人取来黄金一百斤、车马十驷作为礼品。淳于髡见了哈哈大笑，笑得系帽的带子也崩断了，头上的冠缨掉到了地上。齐威王大惑不解，问："先生嫌少吗？"淳于髡说："臣怎么敢。"齐威王问："那又笑什么呢？"淳于髡说："今天我从东边来，见路旁有一个人在祭祀，面前放着一只猪爪和一杯水酒，口中念念有词地祈祷说：'愿上苍保佑我家有烧不尽的柴禾，用不完的农肥，五谷丰登，粮食满仓。'臣见他祭祀的物品这样少，求取的愿望又这么多，忍不住大笑不止。"齐威王望了淳于髡一眼，心里已经明白，马上吩咐手下取出黄金千镒、白璧十双、

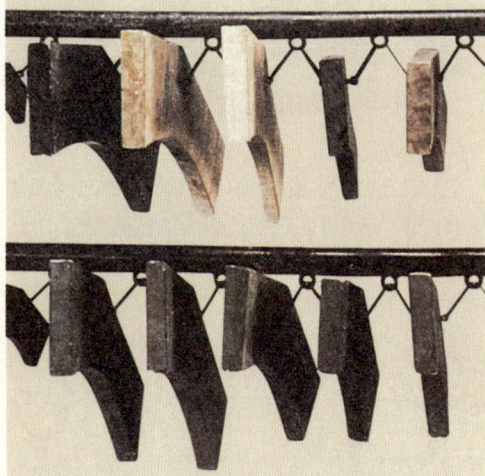

羊角钮铜编钟（右图）
云南楚雄万家坝战国古墓出土的羊角钮铜编钟中的一件。

> 历史文化百科 <

〔府仓、府库、府人〕
战国时各国储藏财物的地方称"府"，储藏粮食的地方称"仓"，两者统称府仓。另外还有一种府库的称呼，则专指车具车马的储存处及财物与文书的收藏地方。府仓、府库的掌管者称府人。统治者为了充实国库而对百姓进行金、玉、布、帛、珍玩及土特产等物品的征敛被称为府库之征。

世界大事记

公元前387年 ⟩ 在波斯压力下，科林斯战争结束。雅典在爱琴海的同盟解散，底比斯丧失对彼奥提亚各邦控制权，斯巴达在波斯认可下称霸希腊。

《史记·滑稽列传》

齐威王　淳于髡

忠言　纳谏

人物　关键词　故事来源

追肥技术的掌握

春秋战国时期，我国的农业已经相当发达，农民已经知道给农作物施肥以促进农作物的生长并提高产量。当时的肥料主要为人畜粪便和草肥。图为农民正在给庄稼追施肥料。这是根据元代农学家王祯的《农书》所绘《耕织图》中的一幅。

车马百驷，作为送给赵国的礼物。淳于髡即刻带着礼物出发，赶到赵国，赵侯一见大喜，马上调集精兵十万，革车千乘。楚国听到这个消息，吓得连夜退兵。

酒极则乱，乐极则悲

齐威王在后宫设宴款待有功的淳于髡，问："先生，你喝多少酒才会醉？"淳于髡说："臣喝一斗也醉，喝一石也醉。"齐威王听了不理解，又问："先生喝一斗就醉，怎能喝一石呢？"淳于髡正色答道："如果臣有幸蒙大王赐酒，御史在后，执法官立于两旁，臣心情紧张，诚惶诚恐，喝一斗肯定就醉了。如是团圆家宴，长辈们肃然在座，臣正襟危坐，毕恭毕敬相陪，喝两斗也就醉了。若久别重逢，好友聚首，互道别情，畅怀痛饮，臣可以喝五六斗方醉。如是乡里庙会，男女老少同坐，猜令

罚酒，游戏杂耍，百业助兴，臣可饮八斗。如是酒逢知己，杯盘狼藉，髡心最欢时，就可喝一石！"淳于髡说了种种饮酒的状态，接着话锋一转，道："所以说酒极则乱，乐极生悲，万事都这样。故做事不可极端，极之而衰，应当尽量避免这种结局啊！"

淳于髡一席话，说得齐威王感慨万端，连连称"善"。第二天就在朝廷上宣布，禁止宫中进行长夜之饮，同时任命淳于髡为"诸侯主客"，一个负责接待各国使者的官。凡齐宗室举办宴会，都由淳于髡担任督察官，执权掌握，适可而止。

古雅的镶嵌蟠螭纹豆

战国前期的盛食器。高柄，两侧有耳环，大圈足。阴线细刻三角纹边饰，圈足饰蟠兽纹。

治国三术

秦孝公朝思暮想富国强兵。卫国公孙鞅提出帝、王、霸三术，供孝公选择。

在魏国未被重用

商鞅原来是卫国的公子，姓公孙，故称为孙鞅或卫鞅，他自小喜爱刑名之学，学成后，感到卫国太小，难以施展自己的才华，就来到当时中原第一强国魏国，投到魏相公叔痤门下。公叔痤经过一番交谈，对这位年轻人渊博的学问与恢宏的识见极为欣赏，暂时任命他为自己的中庶子，即一般的侍从之臣。公叔痤知道公孙鞅是个人才，还没有来得及向魏王推荐，忽然他就病倒了，而且病较严重。

魏惠王闻讯，亲自到相府探视。一番唏嘘之后，魏惠王问："相国如病有不测，魏国之政可托于何人？"公叔痤回答说："为臣的中庶子公孙鞅，年纪虽轻，胸怀奇才，大王可把一国

流行于西南少数民族的乐器：铜立牛葫芦笙
葫芦笙流行于我国西南少数民族地区，流传历史久远。唐代樊绰《蛮书》载南诏"少年子弟暮夜游行间巷，吹葫芦笙……声韵之中，皆寄情言，用相呼召。"在云南江川、祥云等地战国墓葬中均发现铜葫芦笙。

之政托付给他。"魏惠王一听，大感意外。公叔痤见惠王没有反应，就屏退左右，对魏惠王说："大王如不想用公孙鞅，就把他杀了，免得他跑到别国去于我不利。"魏惠王许诺此事便告辞回宫。

魏惠王走后，公叔痤将公孙鞅叫到自己床前，对他这么多日子来给自己的鼎力相助表示感谢，又把今天自己同魏惠王的谈话对他讲了一遍。最后说："看来大王不见得会用你了。我是先君而后臣，该对大王说的，都说了；该对你说的，也说了。你赶快逃走吧！"公孙鞅说："主公，谢谢您的关照。我想，大王

战国双兽半瓦当
半圆形的泥质灰陶半瓦当，中间印有一棵常青树，两侧有对称双兽。

> 历史文化百科 <

〔战国时期户口管理模式——户律、户籍〕

战国时期登记户口的法律称户律。户籍是当时各诸侯国登记居民户口的书版册籍，并定期按人口、姓名、年龄、职业、财产、住址等项内容逐户进行详细核实，严禁隐匿或擅自迁徙。户籍是各诸侯国进行土地分配及赋役征发的依据。按户征收的户口税称户赋。户籍制度在秦孝公商鞅变法时成为"伍"、"什"制及连坐法的基础。

公 元 前 3 8 7 年

世界大事记

柏拉图开始在雅典郊外"希腊学园"讲学，形成柏拉图哲学学派。

商鞅 秦孝公

卫鞅三术

谋略 革新

《史记·商君列传》《战国策·魏策》

人物 典故 关键词 故事来源

不能用您的话而任我，自然也不会信您的话而杀我。您放心吧。"公孙鞅猜得一点不错，魏惠王走出相府就对左右说："看来相国病糊涂了，怎么一会儿要寡人举国托付给一个无名小卒，一会儿又要寡人杀了他。真是荒唐！"

两次进说均不成功

过了一段时间，公孙鞅听说秦孝公在国内张榜求贤，就西行来到秦国，找到了秦孝公的宠臣景监，央求他引荐去见秦孝公。孝公见有贤才来见，恭恭敬敬地虚席请教。公孙鞅行过礼后，就三皇五帝、王德兴衰，滔滔不绝地谈论起来。孝公听得乏味，竟打起瞌睡来。第二天，孝公见到景监，责怪他说："你的那个客人完全是个书呆子，夸夸其谈，你怎么引荐这样一个人给寡人？"景监回家对公孙鞅说："你尽向主公说些空洞的理论，惹得主公生气！"公孙鞅说："初次见

复合烹饪器：铜炉盘
这套复合烹饪器，于湖北省随州曾侯乙墓出土，由上盘下炉两部分组成。盘直口方唇，浅腹圜底，下附四条蹄状足，四蹄立于炉的口沿上。盘腹两侧各有一对环形耳，耳内套接铜质二节双式提链，链端为环形提手。除提手上模印有卷云纹样外，余部素而不饰。这套炊具的制作采用了多种技法。

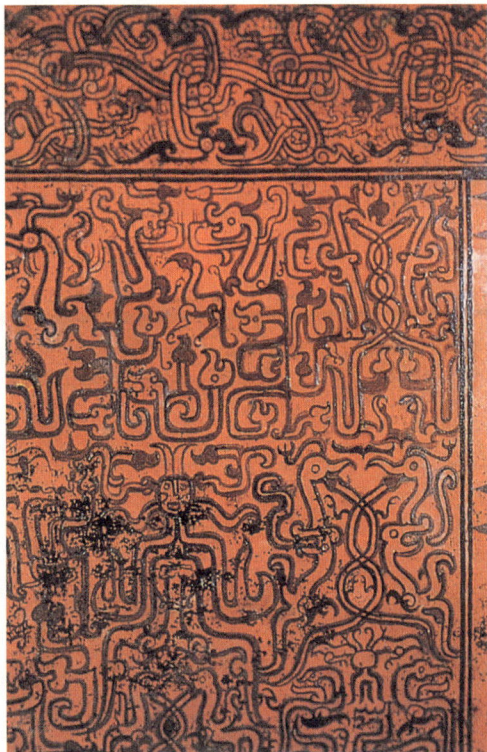

中国古代形体最大的漆器——曾侯乙墓漆棺
曾是西周初年周王分封在汉水以北、以东地区的诸姬姓小国之一。从西周早期建国，到战国中后期灭于楚，有着近七百年的历史。该墓葬是曾国名乙的君主的墓葬，故亦称曾侯乙地宫。曾侯乙入葬时年龄约四十五岁，其青铜架楠木彩绘主棺（内分内、外棺）重达七千公斤，为迄今出土的中国古代形体最大的漆器。器身满饰彩绘，绘画内容诡秘，多是各种形态的龙、蛇、鸟、兽、神等，图像总计有九百多个。各种图像多而不乱，彩绘绚丽动人。

面，我不知主公性情爱好，所以说些一般的人君为帝之道，也是希望主公能成为一代圣帝。如主公对帝道不感兴趣，我可另讲别的。"景监说："主公还在气头

上，过几天再说吧。"

过了几天，景监趁秦孝公高兴，对孝公说："臣的客人还有建议未向主公说完，可否请主公再召见他一次。"孝公答应了，于是公孙鞅二次来到秦宫。这回，公孙鞅讲的是夏禹掌故，商汤、周文王、武王故事，国家沿革，政治原理。秦孝公虽未像上回那样打瞌睡，仍然感到味同嚼蜡，毫无兴趣。过后，秦孝公

商鞅的铜方升

春秋战国时期各国为商业交换和征收赋税的方便，都很重视整顿和统一本国的度量衡。秦任用商鞅变法时，商鞅为统一秦国度量衡，制造了标准的量器——铜方升。

对景监说："你的这位客人，果然博闻强记，但尽说些遥远的事，全不顾当前的情况，又有何用？"景监回家对公孙鞅又数落了一番。公孙鞅说："今天我讲的是王道，主公仍然听不进去。如再给我一次机会，肯定会使主公听了满意。"景监无奈，只得敷衍："以后有机会再说吧。"

终于以霸道打动秦孝公

如此过了一段日子，这天秋风萧萧，秦孝公独坐深宫，对庭饮酒，连连叹气。随侍在旁的景监见了，问："主公为何叹息？"秦孝公说："我秦国偏居西地，虽疆域千里，却国瘠民贫，被中原诸侯歧视。现在寡人有心求贤，却贤才难觅，是不是上天遗弃我秦国，使寡人空怀凌云之志啊！"景监劝慰道："大王不必发愁，臣的客人卫鞅，自称胸怀帝、王、霸三术，他说无论哪一术，都能造就一代明君，开创一代功业。前

两次他向主公说了'帝术'、'王术'，还有'霸术'未向大王进献。如大王有意，能否再听他讲一讲'霸术'？"秦孝公从未听到过"三术"之说，觉得新鲜，就点头答应了。景监马上派人去传公孙鞅。

公孙鞅第三次进得宫来，行过礼后，便滔滔不绝地讲起霸术。这回与前两回大不相同，秦孝公听得如痴如醉。古人席地而坐，为了听得仔细些，秦孝公不断地向前挪动自己的膝盖，挪出了席片还不知道。两人接连谈了几天，秦孝公仍然谈兴不减。公孙鞅终于说动了秦孝公，孝公决心按照公孙鞅的意图进行变法改革。经过三年时间的酝酿、准备，反复争论、试行，秦孝公乃下令全国：拜公孙鞅为"左庶长"，为全国最高的军政长官。秦国今后的国政，一切均由左庶长主持，如有违抗者，与悖逆王命同罪。

这一年是公元前356年，秦国从此踏上了起飞线。功勋卓著的公孙鞅后来封于商，故称商鞅。

前380年　公元前380年

世界大事记　埃及第三十王朝建立。

〇一八

《资治通鉴》
《史记·商君列传》
《周显王十年》

革新　法制
立木为信
商鞅

人物　典故　关键词　故事来源

推行变法新政

新上任的左庶长公孙鞅在秦孝公支持下，制定了变法条款，推行变法新政。新法的内容概括起来有四个方面：一是编造户籍，百姓每五家为一"伍"，十家为一"什"，实行连坐法，有功者奖，有罪同罚；二是鼓励军功，严禁私斗，定爵位二十级，杀敌一名赐爵一级，私斗者严惩不贷；三是鼓励生产，积极者免除徭役，懒惰者没官为奴；四是革除陋习，严禁父子兄弟同居，等等。

执法如山，取信于民

法制虽然制定了，但是秦国百姓多少年来已经散漫成性，他们能不能遵守这些法纪呢？公孙鞅心里却没底。为了树立法令的威信，同时也为了引起广大民众、官吏对新法的重视，公孙鞅想了个办法，他让人在咸阳南门口竖起一根三丈长的木头，旁边贴一告示，说谁能把这根木头扛到北门口，赏黄金十斤。黄金十斤对一般百姓来说，实在是一笔大财富啊！扛一根木头穿城走一趟，就能得到十斤黄金，这真是闻所未闻的事！因而围观的人越来越多，谁也不相信天下竟有这等好事？这葫芦里卖的究竟是什么

▶历史文化百科

〔商鞅变法〕

公元前356年，秦孝公起用商鞅实行变法，主要内容为：编造户籍，加强管理；实行连坐法，藏匿奸人者与降敌同罪；奖励军功，严禁私斗；废除贵族世袭特权；奖励耕织；推行县制；废井田，开阡陌，扩大授田亩制；鼓励分户，按户与丁口征赋；统一度量衡。

商鞅变法为秦国的崛起奠定了基础，但其严刑峻法也激化了社会矛盾，给他本人及秦国的持续发展留下了隐患。

立木为信

民无信不立，改革实施者尤应注意。左庶长公孙鞅为确立法律权威，把一根木头竖在城门口，旁悬重金。

药，谁也弄不清，因此，尽管围观的、指指点点议论的人越来越多，就是没有一个人敢上去扛这根木头。

公孙鞅见无人响应，又出了个告示，将赏金翻五倍：谁能将这根木头扛到北门口，赏黄金五十斤！这下，人们更加生疑了，议论得更加热烈了。但是议论归议论，还是无人敢上去扛木头。终于，有一个熬不住了，站出来说："不管这告示是真是假，我就当回冤大头吧！"说罢，扛起木头就走。围观的百姓想看个究竟，纷纷簇拥着他一同向北门口走去。咸阳城不大，不多一会工夫，就从南门走到了北门。看守告示的官吏急忙奔来报告公孙鞅，公孙鞅二话不说，即下令将扛木头的人带来，当着大众的面表扬他遵令守法，将早已准备好的五十斤黄金当场奖给了他。众人顿时看得目瞪口呆，还真有这样的好事！告示上怎么说，官府就怎么做，官府真是执法如山啊！

劝农耕作的木牍

图中的这两片木牍出土于四川青城的战国古墓中，其正反两面都记载了秦武王二年（前309年）命令丞相甘茂主持修订有关农田的法律，可见当时统治者对劝农耕作的重视程度。

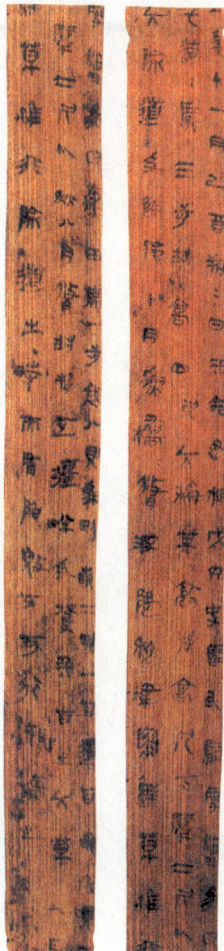

遵守法令得奖的消息不胫而走，很快传遍了整个秦国，同时，所有的变法新政，也随之公布，传遍秦国所有的城市乡邑，深入了人心。

继续扩大变法成果

在第一次变法取得成就的基础上，卫鞅在公元前350年又进行第二次变法，内容有四：一是国都由雍（今陕西凤翔）迁都咸阳，以谋向东发展；二是分全国为四十一县，每县设令、丞各一人；三是开田间阡陌封疆，扩大亩制；四是统一度量衡，以便计算。经过两次变法改革，秦国进一步国富兵强。

商鞅立木为信

秦孝公任命商鞅为左庶长，实行变法。商鞅制定了变法的法令，担心百姓不信任自己，便竖立三丈长的木头在城南门口，悬赏十金，让人把木头搬到北门口。百姓觉得奇怪，没人敢搬。于是又把赏金加到五十金，果然有一人把木头搬走，商鞅就给他五十金，以示取信百姓。这样，法令颁布，秦人就遵奉法令了。此图为清末民初的石印本《东周列国志》插图。

战国货币：品类众多的平首布

早期"布"形状像铲，故又称"铲币"。按形制与时间先后，分空首布和平首布两大类。平首布较空首布薄、平，而且种类繁多，主要流通于战国时期的韩、赵、魏以及燕、秦等国。

龙凤的足迹——战国漆棺彩画（右页图）

此棺1987年出土于湖北省荆门包山大冢2号墓。木棺形状为规则的长方体，内红漆，外黑漆。棺外盖面及两侧板用红、黄、黑、金等色描绘龙凤纹。描绘写实的四龙四凤为一单位，结构对称，造型严谨。整个盖面和棺板纹样线条流畅，色彩对比强烈，装饰性强，是楚墓彩绘漆棺中难得的珍品。

> 历史文化百科 <

〔战国时代的重农抑商政策〕

战国时期商业繁盛，市场兴旺，大多商人贱买贵卖，以农民为主体的一般家庭深受其害，阻碍了小农经济的成长发展。以许行为代表的农家学派对此提出了尖锐批评。迨商鞅变法，为了富国强兵，增加粮食生产，明确提出了重农抑商政策，对商业课以重税，限制弃农经商的活动，对商人的社会地位加以严厉地贬压。

龙凤的足迹　战国漆棺彩画

中国大事记

孟轲在世。孟轲系统地发展了儒家学说，主张"性善论"，被后世尊为"亚圣"。其著作有《孟子》。

〇一九

诈俘公子卬

秦孝公利用魏国新败之机，令卫鞅率大军向魏国发动进攻。魏将公子卬应故友卫鞅之邀到秦营叙旧，不料落入卫鞅的圈套。

国力强盛，谋求东进

卫鞅辅佐秦孝公推行变法，成效显著，史书上说："行之十年，秦民大悦，道不拾遗，山无盗贼，家给人足。民勇于公战，怯于私斗，乡邑大治。"国家迅速强盛。公元前341年，公孙鞅见条件已经成熟，就向秦孝公献策说："去年魏国马陵一战败于齐国，太子申被虏，将军庞涓自杀，军力消耗大半。魏秦两国，疆域相连，魏国建都安邑（今山西夏县西北），紧紧封锁秦国东扩的通路。其势力强盛时，向西侵夺秦的领土；实力疲乏时，据河而守，向东谋求利益。秦国完全处于被动地位。现在秦国实力大增，魏国恰被齐国战败，原本归附它的各国纷纷叛离，正处于孤立无援的境地，我们如趁此时机伐魏，魏国无法阻挡我军进攻，必将都城东移。我国一旦夺得东

边土地，可以据河山之固，东向威慑中原各国。这是奠定帝王之业的大好时机，请大王定夺！"秦孝公一听大喜，这正是他多少年来梦寐以求的事！于是当即下令，由卫鞅作统帅，率领大军向魏国进攻。

两军对垒，朋友相邀

魏惠王一听秦军东来，急忙委任公子卬为大将，率师迎敌，两军相遇，对峙扎营。当天晚上，公子卬接到卫鞅的一封信，打开一看，上面写道："我俩以前是好朋友，现在成了敌对两军的统帅，我不忍心向好朋友举刀砍杀，特遗书一封约公子相见，订立盟约，把酒叙叙别情，然后各自回兵，保境安民，不知公子意下如何？"公子卬正愁手下老弱病残，不是虎狼之师秦军的对手，见卫鞅来信，正是求之不得，哪有不愿之理？回想以前卫鞅在魏国不得意时，公子卬器重他的才学，常请他饮酒叙谈，卫鞅对他十分感激。因为有着这层关系，公子卬没有多疑，带了几名随身卫士，依约来到秦军大营。

造型逼真的铜犀尊
错金银云纹铜犀尊，是以动物形状设计的酒尊，造型逼真生动，体现了犀牛刚强健壮的特点。尊的全身饰有华丽的金银错流云纹，并嵌有点点断续的金银丝，制作极精。背上有盖可开合，口侧有一管状短流，用以倾注。是一件极为精美的工艺品。

世界大事记

巴比伦天文学家西丹努斯可能发现了岁差，把十九年置闰法引进了巴比伦历法。

商鞅　魏惠王　秦孝公

谋略　谎骗

《史记·商君列传》

人物　关键词　故事来源

兵不厌诈，公子被俘

进入秦营一看，卫鞅果然守信，不仅准备好了盟誓用的器具，而且摆出了丰盛的酒宴，满面笑容地出来相迎。双方礼毕后入席言欢。酒过三巡，公子卬正想问问卫鞅的近况，不料，卫鞅突然将酒杯往地上一摔，两旁幕帐中伏兵尽出，公子卬不及反抗，已被秦兵活捉。此时只听见帐外鼓声如雷，秦军齐声呐喊着排山倒海般向魏军攻去。主将被虏，魏军不战自乱，如狼似虎的秦军横冲直撞，直杀得魏军尸横遍野，血流成河。

战国银首人俑铜灯（局部）

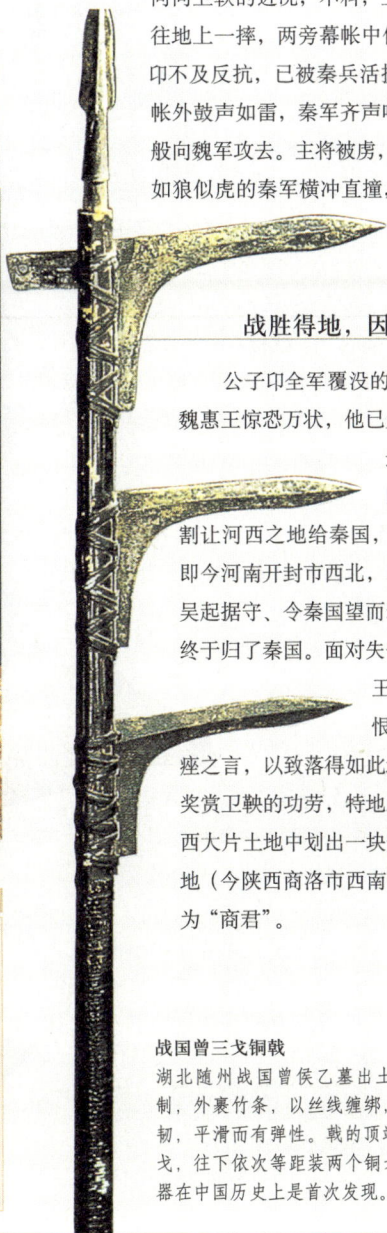

战胜得地，因功受赏

公子卬全军覆没的消息传回安邑，魏惠王惊恐万状，他已无力阻挡秦军的进攻。只得派使臣向秦国求和：割让河西之地给秦国，同时迁都大梁，即今河南开封市西北，以示退却。当年吴起据守、令秦国望而却步的战略要地终于归了秦国。面对失去的河山，魏惠王痛心疾首地悔恨当年不用公叔痤之言，以致落得如此地步。秦孝公为奖赏卫鞅的功劳，特地从魏国割让的河西大片土地中划出一块包括十五邑的商地（今陕西商洛市西南）封给卫鞅，号为"商君"。

> 历史文化百科 <

〔秦商鞅制定的法令——连坐、连质、连刑〕

连坐、连质、连刑是秦商鞅变法时制定的一人犯罪他人连带受罚的法令。如一家有罪其余人家不予检举，查出来后十家连坐（共同受罚）。连质是战时出征将士家属被扣作抵押，为防止前线将士叛变。连刑是军队中的连坐法，每五名士兵组成一"伍"，将其姓名写在木牒之上，交有司收存。同伍中五人互相保证，一人犯罪，同伍隐匿不报者连坐，一人逃亡则四人连坐。

战国曾三戈铜戟

湖北随州战国曾侯乙墓出土的三戈铜戟，木制，外裹竹条，以丝线缠绑，再涂漆，挺括坚韧，平滑而有弹性。戟的顶端装铜矛头和内铜戈，往下依次等距装两个铜戈。一矛三戈的兵器在中国历史上是首次发现。

○二○

车裂之刑

积怨成仇

商鞅以霸术辅佐秦孝公变法图强，成效显著，但推行新法时采用的严刑峻法引起了秦国朝野包括太子驷和贵族大臣的强烈不满，一时怨声四起。据说商鞅曾在渭水边巡视，一天之内处因犯七百余人，使河水都染成红色，哭号之声惊天动地。有一天太子犯法，商鞅要处罚太子，太子因是王储，不能加刑，就将其师傅太傅公子虔处以劓鼻之刑，太师公孙贾处以黥面之刑。七八年后，秦国大治，有些初反对变法的人转而颂扬新法。商鞅又说这批人"全是翻云覆雨、蛊惑人心之徒"，下令将他们全都迁往荒僻的边城。这样一来，秦国百姓再也不敢对政令发表意见了，人人默不作声。但人是有感情的，有感情就要宣泄，久而久之就积聚成愤怒。

避邪之物：铜鹰

鸟的造型在商周的青铜器上大多是吉祥的象征，有"天命玄鸟，降而生商"之说，而蛇多是不祥之物，"有蛇一首两身，名曰肥遗，见则其国大旱"。此鹰伸首展翅，双爪紧紧抓住一条双尾蛇，有避邪之意。

商鞅变法，强效急政，伤众太甚。孝公死后，旧势力复辟，商鞅被处五牛分尸极刑。

忠言逆耳

商鞅在秦国推行新政，担任秦相要职十余年来，特别损害了宗室贵戚的利益，所以他们对商鞅十分怨恨。有个名叫赵良的贵族特意来见商君。商君说："鞅请与先生交个朋友，可以吗？"赵良说："我不敢闻命。"商君又问："先生观我治秦，与五羖大夫百里奚相比，哪个更好些？"听到这个话题，赵良一下子打开了话匣子，滔滔不绝地谈论起来："俗话说'千人诺诺，不如一士谔谔'，五羖大夫辅佐秦穆公三次安置晋君、兼并列国二十，使秦成为西戎霸主。而五羖大夫本人一直克俭节俸，夏日不张车盖，出行不乘驷车，与百姓同甘共苦。他去世之日，百姓痛哭流涕，如丧考妣。君现今辅佐孝十余年，百姓只感到君的威严，而不感到君爱民的恩德；

历史文化百科

〔千古之谜——贵溪战国崖葬墓〕

1979年，江西省博物馆考古队在风景秀丽的泸溪河畔四十余米高的悬崖峭壁上发现了一批战国崖葬墓。墓葬大多保持完整，随葬器物丰富，有带鞘木剑、木刀、鱼尾形木琴、纺轮、陶鼎、青瓷杯、印纹硬陶罐等。棺木都用整木剜成。

墓主什么身份？在当时条件下人们怎么将此沉重的棺木葬人几十米高的峭壁岩洞里？它反映了人们什么样的内心世界？都成了留待后人解开的历史之谜。

公元前387—前377年

世界大事记

第二次雅典海上同盟成立，七十余城邦、岛屿加盟，共同抗击斯巴达。

《史记·商君列传》
《资治通鉴·周显王三十一年》

革新　忠言

五牛分尸

商鞅

人物　典故　关键词　故事来源

车裂商鞅

商鞅变法损害了贵族的利益，故而他们一直想寻机报复。秦孝公去世，商鞅被处以车裂酷刑，族人也被诛杀。此图为明末刻本《新列国志》插图。

尤其是太子恨君刑黥其师傅，刻骨铭心。再看君每次出行，后车十数，从车载甲士，有多力的彪形大汉做保镖，持矛操戈在旁守卫。《书》云：'恃德者昌，恃力者亡。'你难道不清楚吗？"

赵良的话十分尖锐，看商鞅没有反应，又继续说："君变法的成功，得益于主公的支持，然而主公年事已高，一旦驾崩，君岂马上危若朝露。在下之见，君应马上选一贤才，荐举自代，然后归居商地，静养天年，或可保得平安！"赵良犀利的陈辞揭出了商鞅变法的某些弊端和危险处境，发人深省，也暴露了贵族们对商君的仇恨，必欲除去之而后快。可惜此时的商鞅已权迷心窍，听不进去。他不便公开发作，但对赵良的苦口良言，也不放在心上。

五牛分尸

公元前338年，秦孝公去世，太子驷继位，后称秦惠文王，保守派乘机复辟，公子虔、公孙贾串通甘龙、杜挚等朝臣，诬陷商鞅谋反。正愁没有把柄的秦惠文王马上将商鞅革职，逐出咸阳。商鞅前脚刚出咸阳城，秦惠文王捕杀商鞅并夷灭其全族的诏令已经发下。据说咸阳百姓为此欢声雷动。走投无路的商鞅向魏国逃去，想以魏国为据点东山再起，但魏国人痛恨他诱捕公子卬的无义之举，闭门不纳。商鞅又想率家兵攻打郑国以掠取一个自保的据点，但刚与郑国军队对阵，公孙贾率领的追兵已从后面赶到，商鞅终被活捉。

商鞅落入了仇人手中，秦惠文王历数商鞅的罪恶，令甲士将商鞅押往市曹。他们不甘心一刀杀了他，让人牵来五具牛车，分别用绳子拴住商鞅的四肢与头颈，一声令下，五牛分驰，商鞅被活活扯成了五块，这就是历史书上所说的"五牛分尸"。

> 历史文化百科 <

〔五马分尸的法律刑名：车裂〕

车裂是春秋战国时期的一种酷刑，也称辕或辗刑，民间俗称五马分尸、五牛分尸。行刑时将罪犯的头和手、脚分别拴在五辆车上，以五马（或牛）驾车，往五个方向同时驱赶，扯裂罪犯的躯体。商鞅变法失败，即被处以车裂之刑。秦王政平定嫪毐作乱后，其同党多被枭首之后再行车裂。

前370年
前310年

公元前370—前310年

中国大事记

惠施在世。惠施与公孙龙同为战国时期的"名家"。"名家"又称"辩者"。

○二一

画蛇添足

楚大将昭阳乘胜进攻齐国。齐国朝野震动，客卿陈轸以说故事退楚军。

战国时代，小说故事非常流行，有些策士就专门学习小说故事进行游说活动，以达到各种政治目的。策士陈轸曾以"画蛇添足"的小说故事劝退楚兵，避免了楚齐间的一场战争，为齐国立下了大功，在历史上传为美谈。

自告奋勇，充当说客

公元前323年，楚国大将、上柱国昭阳奉楚怀王之

命进攻魏国，将猛兵勇，势如破竹，在襄陵（今河南睢县）击溃魏军主力后乘胜追击，连下八城，获得大胜。这时有谋臣献议，前面道路险峻，如再深入恐有与敌人埋伏的可能，不如此时转兵东向，定能夺取大片齐国土地。立功心切的昭阳马上接受了这一建议，命令军队右转，向齐国出击。

齐王得到消息，大为震惊，不知如何是好。这时，有位秦国的使者陈轸站出来说："王勿忧，我可以使楚军退兵。"齐王求之不得，马上批准。

讲故事，退楚兵

陈轸带着礼物来到昭阳大营，行过拜见礼后，对昭阳伐魏胜利表示祝贺，然后，陈轸问昭阳："按楚国法律，消灭敌军杀死敌将后可获得什么等级的官爵封赏？"昭阳答："封上执珪，就是楚国的最高爵位；拜上柱国，就是楚国的最高武官。"陈轸又问："除此之外，楚国还有什么官职爵位比这更尊贵的？"昭阳想了一下，答："那只有令尹了。"令尹是楚国的最高官职，等于其他诸侯国的相。陈轸对昭阳说："将军已封上执珪，拜上

卞庄刺虎

战国时，韩魏连年交战不止，弄得秦惠王头痛不已，他就向谋士陈轸请教。陈轸讲了一个寓言故事："春秋时鲁国的卞邑大夫卞庄子以勇力闻名。一天，他见两只老虎在争相撕咬一头牛，卞庄拔剑准备杀虎，却被一个小孩拦住。小孩说：'两只老虎为了争食，必然相斗，最后的结果便是力气小的老虎被力气大的老虎咬死，但它自己也会身受重伤。到时候您再去杀老虎，岂不是只要花一点力气就能打死两只老虎吗？'卞庄子依计而行，果然成功。"陈轸接着道："大王您只要静观两国相斗，等他们一败一损后再出兵，必然得手。"于是秦惠王坐山观虎斗，等到魏国受损，韩国失败后，马上发兵进攻魏国，取得大胜。此图出于清末民初吴友如《吴友如画宝》。

世界大事记

希腊医学家希波克拉底（前460年—前377年）提出"体液病理说"，倡导医德（"希波克拉底誓言"），史称"医学之父"。

《战国策·齐策二》《史记·楚世家》

博学　机智

画蛇添足

陈轸

人物　典故　关键词　故事来源

柱国，再往上便是令尹了，但楚国现有令尹在位，楚王总不可能因谁有功而设两个令尹吧？"昭阳听了点点头，陈轸继续说："从前有个人祭祀祖先，祭完后把那杯酒赏给众门客分饮，门客对主人说：'一杯酒几个人喝太不过瘾，不如我们在地上画蛇，谁先画好就谁喝。'不一会，一个人画好了，拿过酒就要喝，他低头一看别人画的蛇只画了一半，不禁得意起来，一手拿着酒杯，一手给蛇添上了几只脚，得意地说：'你们只会画蛇身，我还能给蛇画上脚呢！'没等他把脚画完，旁边的人一把抢过他的酒杯，说：'蛇没脚，你画上脚就不是蛇了！'说完，

精美绝伦的曾侯乙尊
战国早期青铜器，为盛酒器具。尊颈部附饰有四头豹形爬兽，由透空的蟠螭纹构成兽身，作攀附上爬状，返顾吐长舌。在圆鼓的尊腹和高圈足部位，各加饰四条高浮雕的虬龙。

战国官制

区别	官名	职掌	说明
中央官	相国	为百官之长	直属国君，也称相或丞相。相下置司徒、司马、司空、司寇等分理政务。齐国相下设大田、大行、大谏、大司马、大理五官，分管农、礼、廷议、军、刑狱等事
	将	为武官之长	地位次于相。有的国并无常设，遇出征临时任命
	尉	掌管军事	
	御史	为国君的秘书	
	郎中令	掌管宫内传达和警卫	
	卫尉	掌管宫门警卫	
	太仆	掌管车马	
	廷尉	掌管司法	
	主客	掌管外交	
	内史	掌管租税	
	少府	掌管山海池泽，供养国君	少府下有佐弋，或尚书
地方官	郡守	掌管郡政	也称太守，辅佐其军事的有郡尉
	县令	掌管县政	县主官为令，其下有丞、尉、司马、司空，分管政务。其手下有"史"若干，文书性质。边区有县称"道"的，首长称道啬夫，职同县令

咕嘟咕嘟把酒喝光了。画蛇添足者，终失其酒。现在将军击败了魏军，杀掉了魏将，又占领了魏国的八座城邑，功劳莫过于此，再率兵攻打齐国，还图什么呢？将军的官已无可再升，连日征战的楚军将士已十分疲劳，齐毕竟是个大国，又在家门口作战，以逸待劳，楚军万一稍有闪失，将军不仅前功尽弃，连已有的功劳官爵恐也难保啊，这同画蛇添足有什么两样呢？请将军三思！"

陈轸的一席话让昭阳出了一身冷汗，不由对陈轸甚是感谢，留他一起喝酒吃饭，又送了他许多礼物，然后领兵回楚国去了。

《战国策·秦策四》

勇敢 机智

景鲤

人物 关键词 故事来源

前369年

公元前369年

中国大事记

赵、韩迁晋桓公于屯留，晋绝祀。

景鲤脱险

楚国使臣景鲤以自己的刚毅、智慧，消弭了降临到自己头上的不测之灾。

陷入虎狼之窝

景鲤是楚国贵族，被楚怀王派遣出使秦国，一行车队来到咸阳，在宾馆中住下，只等秦王召见。秦国有个谋臣听说后，感到机会来了，匆匆进宫对秦王密奏说："景鲤是楚王最宠爱的大臣，大王不如乘机扣押他，让楚国用土地来换。如果楚王答应了，我们就可不用武力而达到占有楚国土地的目的；如果楚王不答应，就把景鲤杀了。俗话说'千军易得，一将难求'，没有了景鲤这样能干的大臣，这对我们大大有利。"秦王听了击掌称"妙"，就让人将景鲤拘押了起来。

用智慧使秦王放行

景鲤的随从慌了手脚，个个吓得脸色煞白，以为再也见不到家人了。景鲤却十分镇静，他知道对背信弃义、唯利是图的秦国君臣讲理、争辩无异与虎谋皮，此时此刻能救自己的最有效的方法，只有让他们感到扣押自己只会使秦国丧失更大的利益，带来更大的祸患。他想了一会，让手下将负责看押他们的秦官叫来，让他去转告秦王，说："大王这么做将会被天下各国看轻，而根本得不到土地。我来秦国之际，听说齐、魏两国都想割地与秦国，要求与秦结盟。他们所以这样做，是因秦国与楚国结成了兄弟盟约，秦、楚两个大国联手，使他们感到害怕。现在大王扣留了我，等于向他们表明秦、楚并不友好，秦、楚一旦分裂，势力大减，齐、魏两国联盟合力，还畏惧秦国什么？势必不愿再向秦割地求和。如此一来，秦国明显孤立，届时，楚王不仅不会割地给秦国，还会同齐、魏联合对付秦国，秦国岂不更加危险？事情十分清楚：扣留我对秦国无一利而有百害。明智的国君怎会做这等不明智的事呢？"

秦王听完手下一五一十的转述，惊讶万分，深以为然，马上吩咐放了景鲤，以上宾之礼相待，希望景鲤能促成楚国同秦国的盟好，共图大计。

景鲤一行得救了。靠的是什么呢？除了镇静、智慧、勇气和对列国形势的把握外，还有重要的一点，就是摸透秦王的心理。

沙河古桥

陕西咸阳市渭城区钓台乡村民取沙时挖掘出古代大型桥梁遗址。经测定，一号桥距今约2120年，二号桥距今约1900年，这两座大型桥梁当为战国时期建成使用。

> 历史文化百科

〔战国管理车马的大型印章——烙马印〕

烙马印是战国时期流行的大型烙马印章，今天能看到的较为著名的有"日庚都萃车马"印。此印钮制，上半为方孔，用来插入木柄；下半为覆斗形而中空。据专家考证，认为"萃"字为集中之意，"萃车马"为集中管理车马的机构。车、马经烙印后，表示为该机构所有。

公 元 前 3 7 6 年

世界大事记

罗马保民官李锡尼·塞克图斯提出关于土地、政权问题的一揽子法案。

《史记·孙子吴起列传》

田忌　孙膑
谋略　机智
田忌赛马

人物　典故　关键词　故事来源

○二三

齐国人孙膑曾与庞涓一起学习兵法。庞涓自以为才能不及孙膑，便把孙膑骗到魏国，借权势施以酷刑，断其两足。孙膑以计逃回齐国，在齐将田忌门下做客。田忌知道孙膑有奇才，乃待之如上宾。

田忌赛马

齐王族田忌好马，厩内龙驹成群，可每次和齐王比赛马，总差那么一点儿。孙膑看了一回，附耳给田忌出了个主意……

赛马时尚

当时，齐国人都喜欢赛马。齐威王也热衷于这项活动，在王公贵族间形成了一种时尚。每赛必赌，更加刺激了赛马场面的热烈与众人参与的兴趣。

这一天，田忌邀请孙膑前去观礼，看他与齐威王赛马。当时的田忌，家产丰富，特别喜欢马，手下众多的门客经常四出搜寻，给他觅来许多良驹宝马，匹匹强壮有力、品相非凡。然而齐威王是一国之主，谁不拍他的马屁，连他国诸侯修聘，也投其所好，以宝马为礼，所以每次赛马，田忌总是稍逊他一筹，因而也总要输掉大笔彩金。这次也不例外，又输了。齐威王扬扬得意，田忌自然垂头丧气。

孙膑献计

孙膑旁观赛马，把情况看得清清楚楚。当时赛马规定，参赛双方各将自己的马分为三棚，也就是上、中、下三个等级，双方以最后胜负多寡来定输赢。他看到田忌的三棚马，每棚马都比齐王同棚的马差一点点。所以当田忌回到府中闷闷不乐地喝酒时，孙膑不由笑了。田忌看了奇怪，问："先生为何发笑？"孙膑说："田君明日再同大王复赛，在下有办法使你稳操胜算。"田忌一听，兴头上来了，忙问："先生有何妙法快说来听听！"孙膑侧过头去，附耳对田忌说了一遍。田忌一边听一边点头，还没听完，已拍手大笑起来，吩咐下人换大杯，要与孙先生痛饮一番，同时派

家人去同齐威王约战：明日再赛，并且声明愿倾其家产与威王一赌输赢，每棚赌彩一千金。齐威王原本生性豪爽，见田忌如此出手不凡的赛约，兴奋地一口答应。

智谋的胜利

次日，双方如约来到赛场，皆以重彩装饰车马。消息传出，场地四周的观众人山人海。按规定，第一场比赛是上驷赛，即定为上等的第一棚马先赛。齐威王自然拉出自己最出色的一棚马参赛，而田忌呢？却依孙膑之计，将自己最差的那棚下驷披红挂彩，金鞍锦鞯打扮好了出来比赛，结果当然输了，被齐威王的上驷拉下很长一段距离。齐威王见自己的优势如此明显，笑逐颜开，信心大增，又

帛书《足臂十一脉灸经》

我国古代中医中的人体经络系统是具有价值的人体医学发明。而在长沙马王堆汉墓出土的帛书《足臂十一脉灸经》(见图)和《阴阳十一脉灸经》是迄今为止发现的最早的研究人体经脉的专著，其成书不会晚于战国时期。这说明我国的人体经络系统的研究已有两千五百年历史。

中国大事记

西周威公去世，次子根在东部争立，建都于巩（今河南巩义西南），号东周惠公。自此，周王室分裂成东、西周两小国。

如约将自己的中驷拉出来。田忌不动声色，拉出了自己的上驷，冒充中驷与齐威王真正的中驷比赛，结果田忌赢了。第三场，齐威王的下驷，又输给了田忌冒充下驷的中驷。三战两胜，最后获胜的当然是田忌。齐威王惊讶得差点从车上栽下来，他百思不得其解，往日自己的三棚马每棚都胜过田忌的一筹，今天怎么就输了呢？田忌不敢说谎，就一五一十将孙膑的计策告诉了威王，末了由衷地说："今日取胜，并非微臣的马力有了进步，实在是孙子智谋的胜利啊！"齐威王听罢，赞叹不已，从此知道孙膑有非凡的才能。

战国著名军事家孙膑

孙膑是孙武的后代，同门庞涓对他施了髌刑，使他终身残疾。但这并没有限制孙膑的智慧，他指导的田忌赛马已使人惊叹其策略之高妙，而他桂陵之战的"围魏救赵"之计，更让人们感佩。他所著《孙膑兵法》，是军事学的不朽之作。

田忌赛马

齐国将军田忌和齐威王赛马总是不能赢。孙膑于是给田忌出主意，让他用上等马和齐威王的中等马比赛，中等马与齐威王的下等马比赛，下等马与齐威王的上等马比赛，结果二胜一负，田忌赢了齐威王。此图为明末刻本《新列国志》插图。

> **历史文化百科**

〔我国最早的马学专著《相马经》〕

《相马经》是我国最早专门阐述马匹优劣的畜牧学著作。大约是战国晚期楚国人所作，佚名。后来此书失传，人们只能从古书记载中知道有这么一本书，有些什么内容已无从查考。1973年湖南考古工作者在长沙马王堆三号汉墓中发现了一本帛书，经专家考证确认，它就是失传已久的《相马经》。全书三篇，共77行，约5200余字。第一篇论伯乐相马法；第二篇论马眼相法，从马眼的大小、盈满、光泽、转动及睫毛、眼部肌肉的综合考察，判断马的体能及奔走速度；第三篇是对第一篇的解释。

〇二四

纷乱的局势

战国前期，各国都在谋求发展，战事频繁。魏国因为首先进行改革，国势很快强盛起来。它向四面攻伐，对周边国家构成极大威胁。公元前354年，赵国为兼并土地和扩张势力，攻取了卫国的一些城邑。卫国原是入朝于魏的，赵国攻卫，当然是魏国所不能容许的。于是魏惠王就以庞涓为将军，率兵八万，向赵国首都邯郸进攻。庞涓果然了得，连战连胜，魏军乘胜追击，将邯郸团团围住。赵成侯见魏军势不可挡，无奈之下，急忙派出特使，星夜向齐国求救。

齐威王马上召集群臣商议发兵之事，他早就想发挥孙膑的作用了，这时便提出任命孙膑为大将。孙膑坚辞说："我是刑余之人，以我为将，他人会藐视齐

围魏救赵

孙膑指挥的桂陵之战，以精妙的战术把魏军杀得落花流水，生擒魏将庞涓，成为历史上脍炙人口的漂亮战役。

国，说齐无人，不如以田忌为将，我可为军师帮助策划。"齐威王想想这样也好，就同意了。于是，特地造了一辆辎车，让孙膑坐在里面，随军出征。

避实击虚之计

田忌调齐兵马，准备直插邯郸，救援赵军。孙膑献策说："一团乱麻，不能用拳头去解，要讲究巧劲；劝人打架，不可用手臂阻挡他的刀剑，要避其锋锐。用兵同样如此，应避开正面冲突，从侧面乘虚而入，这样更能瓦解敌人的进攻。"田忌听了觉得大有道理，请孙膑继续往下说，孙膑道："现在魏军同赵国军队会战于邯郸，他们的精锐必集中在邯郸方面，留守国内的只能是老弱病残。以当前情势分析，魏、赵决战，赵军恐不是魏军对手，我若发兵邯郸，军未到达说不定赵军已经投降，那时我军因长途奔袭，人困马乏，既无接应，又无依托，处境就很危险。如不去邯郸，直接出兵攻魏，佯装直插魏国都城，定能迫使攻打邯郸的魏军紧急回撤。这样岂

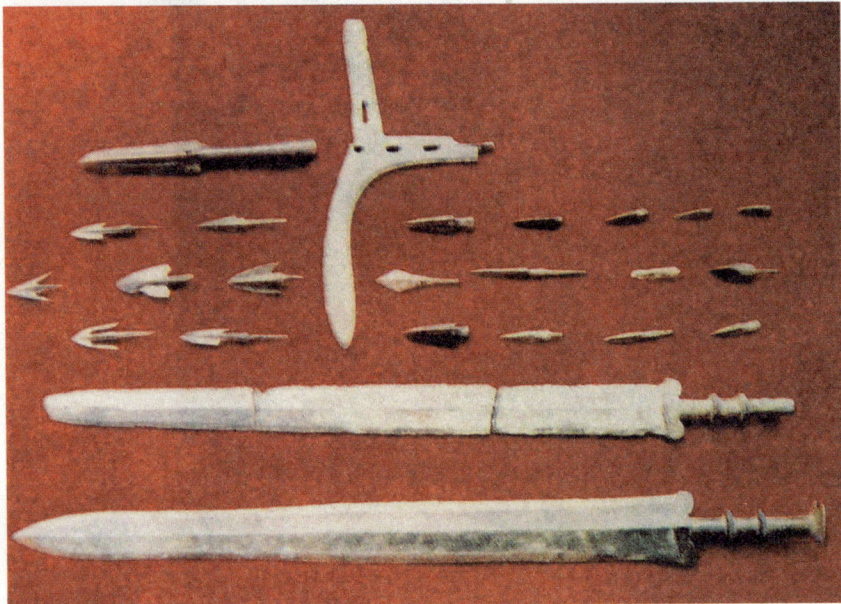

山东郯城马陵山一带出土的部分战国时期兵器。

郊外。同时分出少量士卒跟随在战车之后，说明齐军力量单薄。当时是公元前353年7月，魏军已经攻克赵都邯郸。庞涓忽听得齐军以少量兵车西驰大梁，钻到魏国心脏里来了，不由怒火中烧。他丢下辎重车辆，只率轻骑锐卒，日夜兼程，直奔大梁而来。

孙膑知道庞涓已经中计，也不停息地调动主力部队埋伏于庞涓回马的要道上。当庞涓的轻骑锐卒行至桂陵（今河南长垣县西南）时，孙膑布置的伏卒四面出击，把魏军杀得一败涂地，生擒魏将庞涓。

孙膑妙计，花最少的气力获得最大的成功。围魏救赵之役从此成为经典的战例，千百年来不断被人们研究、借鉴和传颂。

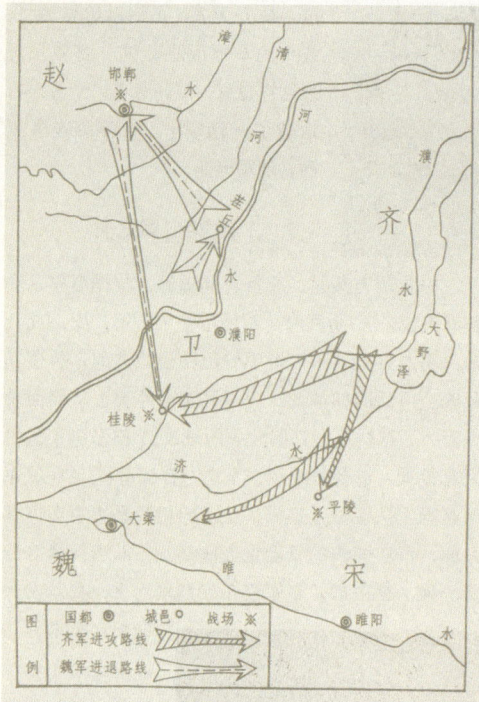

孙膑指挥桂陵之战形势图

不既解了赵国之围，又可以乘机收拾魏军？"田忌听后频频点头，依计行事。

巧妙的战略部署

当时田忌也带了八万齐军，攻魏救赵。按照孙膑的战略计划，齐军先南攻今山东曹县西的平陵。其城小而所辖范围大，人众甲兵盛，是东阳地区的战略要地，甚为难攻。齐军攻它是要向敌人显示其"不智事"，不会有危险。

接着，孙膑又选择莽撞的齐城、高唐二都大夫，率部直奔平陵准备攻城，在行进路途中就被魏军杀得大败。这更滋长了庞涓的轻敌心理。

这时，孙膑又忽然调遣轻车，西驰到魏都大梁的

> 历史文化百科

兵家亚圣——孙膑

孙膑（约前380－前310年）是孙武的后代，齐国人。早年曾与庞涓一起学习兵法。在魏国被庞涓阴谋陷害，遭膑刑而截去膝盖骨。后逃回齐国，受到齐威王重用，在桂陵和马陵两次大战中，以巧妙的战术重创魏军，使齐国成为当时东方最强的国家。

孙膑著有《孙膑兵法》，全面地继承和发展了《孙子兵法》的战略战术思想。孙膑以他光辉的军事理论和卓越的战争实践，被人们誉为"兵家亚圣"。

○二五

齐魏重开战

魏国虽然在桂陵遭到惨败，但它毕竟是战国前期最强的大国，余威犹存，国势尚未衰竭。为挽回败局，魏惠王在桂陵之战次年，调用韩国军队，击败齐军于襄陵（今河南睢县西），齐威王不得不请楚景舍出来向魏求和。在次年，魏国把占领的邯郸

马陵之战

公元前342年，魏国起兵攻韩，孙膑率兵攻魏救韩，魏惠王派太子申、庞涓为将率十万大军前来迎战。孙膑采用"减灶诱敌"的计策，制造齐军大量逃亡的假象，迷惑敌人。庞涓果然中计，在马陵道遭万弩伏击，兵败自杀。此图为清末民初的石印本《东周列国志》插图。

马陵大捷

韩国在魏军攻击下，即将亡国，齐威王令田忌、孙膑率兵往救。孙膑把握庞涓急功好利的心理，以巧妙的战略战术，在马陵道全歼魏军精锐，庞涓自杀身亡。

归还赵国，并与赵在漳水上结盟，以便共同对付齐国。到公元前344年，魏惠王还召集宋、卫等国会盟，自此公开称王。魏国势力的再度膨胀，当然为齐国所不容。

公元前343年，魏进攻韩的南梁（今河南汝州市西），韩向齐求救。齐威王采用孙膑的建议，在魏韩两国都打得精疲力竭的时候，才应韩之求而出兵击魏。齐国这次出兵，以田忌、田盼为将军，而以孙膑为军师。齐国的大军直逼大梁而来。魏惠王听说齐国出兵来犯，也调集十万大军，命庞涓为将，而以太子申为上将军，率领魏军前来迎击，庞涓在桂陵之战时曾被齐军生擒，不久又被释放回国，再度为将。这次庞涓遇到的对手依旧是田忌和孙膑，仇人相见，当然分外眼红。

马陵道碑文

《孙子兵法》研究会名誉会长，原军事科学院副院长郭化若题写的"马陵道"碑文，位于今山东郯城县。

>历史文化百科<

〔劳动人民愿望的表达者：墨子〕

墨子（约前468年—前376年），名翟，鲁国人（另说宋国人），春秋战国之际的思想家，政治家，墨家学派的创始人。墨子曾在宋国为官，后弃官专心治学，其足迹遍及齐、卫、楚、鲁等国，生平崇尚夏禹，力行勤劳俭朴，为他人服务，摩顶放踵，以利天下为心。针对当时的现实，墨子提出"兼爱"、"非攻"、"尚贤"、"节葬"等主张，并在知识、逻辑、真理判断方面提出一系列开创性的见解。

龙凤虎纹绣罗

湖北江陵马山战国墓出土。整体为灰白色素罗质地，猛虎全身条纹用黑和棕红二色绣出，龙纹则以棕、土黄、黑色绣出，凤的造型较小，尾部是穗状花纹。龙虎之间蜷曲盘绕形成了气韵生动、富有生机的画面。

减灶布疑阵

　　齐军进入魏国境内后，一边进军，一边大造声势。第一天宿营，在营盘中造了可供十万人吃饭的炉灶；第二天宿营，将炉灶数减半；第三天宿营，再减半，降至只有三万人吃饭的样子，然后下令装作怯战，快速离开魏地，向东"逃"去。在齐国边境一个叫马陵（今山东郯城马陵山）的险要处埋伏下来。

　　庞涓原来在西面对韩作战，接到魏王命令，便率军赶回大梁。他见齐军逃跑，便下令追击。一直追到齐军第三个宿营地，庞涓数了数军灶，不由大笑起来，原来齐军已只剩下了三万人！以你三万之众，人心离散，前有阻挡，后有我十万大军，孙膑啊孙膑，此番看你往哪里跑！于是登上车去向魏军将士宣布：齐军几乎逃亡殆尽，十万人马只剩下了三万，以我魏军之骁勇，格杀三万疲

兵，不过如同砍瓜切菜！

"庞涓死此树下"

再说孙膑指挥的军队早已到达马陵。他们在马陵道上投放金属制的蒺藜，当作壕沟和护城河，把大盾连放当作城墙，用以掩护自已和观察敌情；把各个兵种的士卒依次排列成一个有缺口的圆圈，而中央无人，只有一颗大树立于其间，就等庞涓的军队钻到圆圈中来。

魏军在庞涓的鼓动下以轻骑加速前进，天黑时分，来到马陵道口。这马陵道确是个险恶去处，一条崎岖山路在两山间穿过，一边是深深的山涧，一

高奴铜石权

权，即后世所谓的秤砣。图中的这枚铜石权是战国时期秦国于高奴（今陕西延川）所铸。秦始皇统一中国后，为了统一度量衡，对其重新进行检测，并补刻了秦始皇二十六年统一度量衡诏文和秦二世的诏文。

珍奇饰品：怪兽噬鹿

战国中期北方游牧民族服饰用品。怪兽体肥大，突眼圆大下视，大耳长嘴，四肢粗壮有力，突出了凶猛狰狞的面目。

边是密布的树林，加上正值朔日，天上无月，林中漆黑一片。走了一阵，前方来报，说山路被树木挡死了。庞涓亲自赶到前面察看，只见路中央有一棵大树被人剥去了树皮，上面隐隐约约写着什么，庞涓令士兵燃起火把，一照，原来树上写着六个大字："庞涓死此树下！"庞涓一见大惊，急叫："中计！"忙下令后退，但已来不及了。说时迟，那时快，如蝗飞箭铺天盖地射来，孙膑特地调集的一万名强弩手已在此埋伏多时了。魏军顿时乱了套，霎时死伤累累，哭声震天。埋伏在马陵道后面的齐军听得前面人声大作，知道魏军已进入了埋伏圈，立刻从后面掩杀过来。只杀得魏军四散溃逃，全军覆没。魏太子申被齐军活捉，心高气傲的庞涓害怕被捕受辱，长叹一声，说："我成就了孙膑这小子的名声！"然后拔剑自杀了。

由于这次齐国的大胜，孙膑更加名扬天下。魏国不得屈从于齐国的势力，齐国代替魏国成为东方的第一强国。

奇思妙想的人形铜灯

公元前369年

世界大事记

雅典与斯巴达缔结同盟。

〇二六

《史记·田敬仲完世家》
《战国策·齐策一》

邹忌　嫉妒
田忌　谗言

人物　关键词　故事来源

君王下面的相和将，是战国时代一个国家最高的文臣和武官。相和将有的关系融洽，共谋国家发展；有的勾心斗角，争权夺利。齐威王时的相国邹忌陷害将军田忌，是相、将争斗的典型，值得人们深思。

邹忌陷害田忌

邹忌与田忌分别是齐国的相和将，都为齐国立下了大功。邹忌因处于妒忌，设计陷害田忌，迫使田忌出逃到楚国，给齐国带来不利。

相嫉妒将

齐相邹忌因功封为成侯，与将军田忌不和，策士公孙闬为邹忌谋划说："君何不建议大王伐魏？胜，则是君之谋，君可以有功；不胜，则是田忌的过失，随便找个借口把他杀了。"邹忌依计行事。齐王派田忌为将率军出征，结果三战三捷，活捉魏太子申，庞涓战败自杀。

田忌三战三捷，邹忌又去找公孙闬，公孙闬就派人拿着二百两金币到市集上算卦，那受派的人自我介绍道："我是田忌将军的臣属，如今将军三战三捷，名震天下，现在欲图大事，麻烦你占卜一下，看看吉凶如何？"卜卦的人刚走到外面，公孙闬就立即派人逮捕他。卜卦的人在齐王面前对田忌欲谋反供认不讳。田忌知道这事后非常恐惧，生怕被杀头。

将被迫出走

这时，与田忌一起出征的军师孙膑劝告他趁势做一番事业："将军回齐国不要解除武装，并要派那些疲惫老弱的士兵守住主地，因为主地有一条窄道，仅容一车通过，守住它可达到'一夫当关，万夫莫开'的效果。在这之后，可率领精兵，背向泰山，左涉济水，右过高

奇思妙想的人形铜灯（左页图）
战国时齐地的照明用具——人形铜灯，造型奇妙，整体为一人双手擎灯盏状，人足下为蜷曲的蟠龙，盏盘下有子母榫口与盏柄插合，可任意拆卸。

唐，再把军中辎重运到高宛（今山东淄博西北）。最后派出轻锐骑冲进雍门。如果这样干，可以匡正齐王，逐走成侯。如不这样做，将军就不能回到齐国。"田忌没有听从孙膑的计谋。因进齐都有危险，便出逃到楚国避祸。

这样邹忌就代替田忌掌管齐国的军政。

但是邹忌又担心田忌靠着楚国的势力返回齐国，于是说客杜赫自告奋勇到楚国去游说楚王，他对楚王说："邹忌不善楚，是恐田忌返齐。王不如封田忌于江南，以示田忌不返，邹忌将以齐厚交楚。"楚王果然分封田忌在江南。

田忌遭邹忌陷害而被迫出逃到楚，使得齐国损失了一位军事人才，并且不利于内部的团结，加剧统治者之间的矛盾。后来齐宣王重新任用田忌，把他从楚国召回。因田忌年事已高，再不能发挥什么作用了。　〉莫波功

工艺纯熟的玻璃珠
战国时期的工艺品，1978年在湖北隋县擂鼓台曾乙侯墓出土。色彩斑斓，有蓝色、黄褐色、浅绿色，这说明当时的制造者能从不同的原料中设定所需要的颜色。从造型与图案上看，已达到得心应手的地步。如果能佩戴这样的珠子，也堪称幸事。

〉历史文化百科〈

〔封号的三种类型〕

封号的第一种以封邑之名为封号，如卫鞅封于商而号商君。第二种不用封邑之名，以其功德为封号，如秦相张仪封于五邑，却号武信君；秦相吕不韦封于河南洛阳，而号文信君；齐相田婴封于薛，但号靖郭君，其子田文世袭封号，却号孟尝君。第三种是只有封号而无封邑，如秦将白起封武安君，赵将赵奢封马服君，苏秦被燕、赵、齐三国分别封以武安君等。

〇二七

齐貌辨报恩

靖郭君力排众议厚待齐貌辨。靖郭君后和齐宣王不睦而归封地。齐貌辨通过游说齐宣王，使得靖郭君又获重用。

特殊待遇

战国时期，养士和游说的风气都十分浓厚。靖郭君田婴，在齐威王时任相国，有很多门客，齐貌辨就是其中的一个。靖郭君和他很亲近，可是齐貌辨和人相处常常不注意小节，所以门客们都不喜欢他。有个叫士尉的门客曾为此去劝说过靖郭君，叫他把齐貌辨赶走，靖郭君不听，士尉因此告辞而去。他的儿子田文即后来的孟尝君也在私下里劝谏过靖郭君。靖郭君对此十分生气。他大怒道："只要能够让齐貌辨满意，即使铲除你们门客，破毁我的家业，也心甘情愿。"于是靖郭君安排齐貌辨搬进上等的馆舍，让自己的长子去为他赶车，早晚进献美食。

必死之行

几年之后，齐威王去世，齐宣王继位。靖郭君和齐宣王的交情大不如过去的齐威王，他只好辞官回到封地薛，和齐貌辨住在一起。没过多久齐貌辨决定辞别靖郭君到国都去，请求拜见齐宣王。靖郭君说："王对我非常不喜欢，公此行一定会死的。"齐貌辨坦诚相告："我是抱着必死之心去的，没打算活着回来，请一定让我走。"

齐貌辨离开薛地到了国都，齐宣王已经听说此事，他满腔怒气等着齐貌辨。齐貌辨见到齐宣王之后，宣王便说："先生是靖郭君所听从、所喜欢的人吧！"宣王的话表面上是恭维，实际暗含讽刺之意。齐貌辨并没在意，他展开如簧巧舌说："如果说喜欢那是有的，若说听从却是没有的事。当初，大王刚做太子时，我曾对靖郭君说：'看太子的脸相不像是仁义的人，腮帮子很大，眼睛似猪一样偷着看人，像这样的人肯定背叛您。不如废掉太子，再立卫姬的婴儿郊师。'靖郭君流着眼泪说：'不行，我不忍心这样干。'如果他听了我的话，干了这件事，一定没有今天被您赶走的忧患了。这是第一件事。靖郭君到了薛地，楚国将军昭阳就请求用几倍的土地对换薛地，我又说：'一定要接受这个请求。'靖郭君说：'薛地是从先王手里接受的，今虽得罪了后主，将来自己怎么去对先王说呢！再说先王的宗庙在薛地，我难道可以把先王的宗庙交给楚国吗？'又不肯听从我。这是第二

驱鬼辟邪的镇墓兽

镇墓兽至迟在战国初期出现，中期盛行，大多一墓一件。能够享受镇墓兽保护的墓主地位一般较高。镇墓兽作用主要有二：一是避邪，辟除虫蛇鬼魅对尸体或亡魂的危害，二是守护，作为冥府的看守者，防止灵魂走失或作祟。图为双首鹿角镇墓兽。

前 3 6 7 年 公元前367年

世界大事记 希腊各邦代表赴波斯，请波斯王裁决希腊议和之事。波斯支持底比斯，主张美塞尼亚独立，希腊诸国不服。

《战国策·齐策一》

齐貌辨 靖郭君 齐宣王

识才 讽刺

人物 关键词 故事来源

件事。"齐宣王听后大叹一口气，脸上的颜色也变了，说："靖郭君之于寡人的恩德，一至于此啊！寡人年少，实在不知道这些事。客肯为寡人请来靖郭君吗？"靖郭君回答道："敬从命。"

明智的靖郭君

经过齐貌辨的一番游说，靖郭君重又可以回到国都去了。他穿着过去齐威王赐给的衣服，戴着王冠，还佩着宝剑。齐宣王亲自到城外迎接靖郭君，望着靖郭君而流下了眼泪。靖郭君到了朝廷，齐宣王就请他做相国。靖郭君起初没有同意，后来不得已才接受了相印。七天之后，又以有病为名坚决要求辞职，齐宣王开始不同意，三天之后才接受他的辞呈。

人们评论说：靖郭君可以说自己最能了解别人了！因为自己能了解别人，所以即使有人非议某个有才能的人，他反而更加尊重。这就是齐貌辨之所以把生死置之度外，乐于效命，助人急难的原因。 〉莫波功

战国早期彩绘的射猎图（漆瑟残片）
上面是战国早期彩绘射猎图漆瑟残片。图中猎者头戴黄色高顶帽，裸胸，身着银灰色拖地下衣。右手持弓，左手张弦，欲射前方一鸟首、细腰、长腿的怪物。画面周围绘有鹿、龙、云气等，描绘出当时楚人的生活环境与习俗。

〉历史文化百科〈

〔阴阳五行说的起源与影响〕

关于阴阳五行说的起源众说纷纭，有一种观点认为，阴阳五行说是把天地万物都说成是由五种物质构成，其纷纭变化是由于阴阳之气的运行。战国时期诸子并起，阴阳五行说虽没有形成独立的显学，但却影响了多数诸子学派，在与各派学说的结合中得到发展。这显示出阴阳五行学说已成为当时普遍的思维模式，并因此而长久影响中国社会。

〇二八

"海大鱼"

齐王弟田婴生性骄纵，不听劝谏。有一过客听见了，上门轻轻地说了三个字，转身就走，由此阻止了一场劳民伤财的苦役工程。

下令百姓筑城

田婴是齐威王的小儿子，齐威王夫妇对他特别溺爱，刚成年，就让他当了将军。公元前341年，又让他随同田忌、孙膑出兵，在马陵道大败魏军，因为有功被封于彭城（今江苏徐州市），威王临终前，再改封于薛（今山东滕州市东南）。田婴的同父异母兄长辟疆在威王死后继位，即齐宣王，田婴就成了王弟。

田婴从小娇生惯养，生性骄纵恣肆；加上又过惯了贵族阔公子的生活，不知体恤百姓。自打他到了薛城，薛城百姓便大受其苦，徭役赋税不知其多，盘剥敲诈不嫌其重，史书上说他"残贼百姓"，"私家富累万金"。事实上也确实是这样，他钱财多了，怕人家来抢；宫宇多了，怕人家来侵扰；妻妾家丁多了，就大兴土木；可还是为自己的安全终日放心不下。想来想去，最终想出了一个办法：把封地薛用高高的城墙围起来，不就再也不用怕兵燹盗贼了吗？田婴想出了这个办法，心中大为宽慰，于是就下令百姓筑城。

民怨越积越深

当时生产力很低下，百姓连住的房屋都造不起，多数人家

不过搭个草棚遮风避雨，现在要用又高又厚的城墙将偌大一个薛城围起来，那需要多少材料、人力和经费啊！田婴哪管这些，只知下令不得有误。这下子百姓遭了大殃，家破人亡的有之，卖儿鬻女的有之，监工鞭打致伤致残的更不计其数，人们只得纷纷逃亡。田婴手下的众门客一看情形不妙，再这样下去，城造不好不说，百姓们都逃光了还向谁去收租收钱、作威作福？于是纷纷去劝田婴，要他放弃或者修改筑城计划。想不到田婴就是一意孤行，听得不耐烦了，就对负责传达的门官说："凡是来规劝的说客，不要为他们通报，我不想见他们。"这样一来，田婴的耳边清静了，然而百姓的怨恨却越积越深。

只说三个字

有个临淄人知道了这件事，就来找田婴，对门官说："我只说三个字，如果超过三个字，就将我投入锅中煮了。"门官觉得有趣，就进去作了通报，田婴也觉得有趣，就下令召见这个人。这位临淄人恭恭敬敬地微曲着身子，低着头，小步快速地走进去。这在当时叫作"趋"，地位低下的人进入王公大臣府第必须这

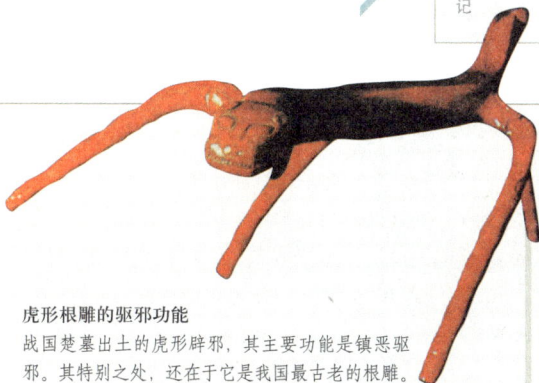

虎形根雕的驱邪功能

战国楚墓出土的虎形辟邪，其主要功能是镇恶驱邪。其特别之处，还在于它是我国最古老的根雕。

> **历史文化百科**

〔战国时代谥法的演进〕

谥法在战国初期继承西周、春秋以来的习惯，君王死后以其一生行事定取谥号。如魏文侯、赵烈侯、楚悼王、秦孝公等，中间一字就是依谥法定取的。

到战国中期出现了二字谥，如秦庄襄王、赵武灵王、魏安釐王、楚考烈王等，中间有二字依谥法定取。二字谥的出现，据说是因为一个王的一生事迹错综复杂，用二字才能全面概括。于是二字谥在战国后期被普遍采用。

样走路。临淄人走到田婴跟前，悄悄地对田婴说了三个字："海大鱼。"然后迅速地倒退出去转身就走。田婴一见这人说完就走，忙叫住他说："停住，停住，怎么说了三个字就走了？快回来说说清楚！"临淄人回头说："超过三个字就要杀头，我怎敢拿生命当儿戏？"田婴说："我让你说，你就说！"

镇恶驱邪的鸟柱灵屋（左页图及下图）

浙江绍兴战国墓出土的鸟柱灵屋，其鸟名叫"冶鸟"或"鸠柱"。此类具有避邪功能的鸟，也就是汉代所称"执金吾"的"金吾鸟"。唐人颜师古曰："金吾，鸟名也，主辟不祥。"鸟柱灵屋顶端的鸟是镇恶的驱邪之鸟，以保灵屋主人平安。

"海大鱼"的启示

临淄人回过身来，重新施了一礼，然后说道："您听说过海里大鱼的故事吗？这种大鱼在波涛汹涌的大海里恣意遨游，渔网罩不住它，鱼钩吊不动它。可是有一天，它忘乎所以，忘了搁浅的危险，被海潮冲上沙滩，于是这条不畏渔网、不怕鱼钩的大鱼只能任凭蝼蛄、蚂蚁噬咬，任其欺凌。如今，齐国就是君长的大海，如君全力辅佐齐王，齐国富强了，您的薛地自然也富强、安全。如果一旦齐国衰亡，君失去了职位，薛地造得再坚固，哪怕城墙像天一样高，又有何用呢？"一席话，把田婴说得哑口无言，呆了好长时间，才恍然大悟地说："你说得对！"于是下令停止筑城。

这个齐国人以他的机智幽默，避免了大量人力、物力的浪费和薛地矛盾的激化，也使田婴这个王公贵族深受教育。

孟母三迁

儒学大师、人称"亚圣"的孟轲，他的成材和他母亲的教育有密切关系。历史上流传着许多孟母如何教子的故事。

寻找满意的居住环境

孟子是邹国人，其地在今山东邹城市。他早年丧父，从小和母亲生活在一起。孟轲和母亲原来的居室靠近墓地，孟子从小在坟墓间嬉戏玩耍，在土堆里跳跃追逐，筑土掩埋。孟母看到这种情景，认为住在这里对儿子的教育没有什么好处，感叹道："这里不是我们适宜居住的地方！"乃毅然迁移搬家。

后来，孟母和孟轲搬到一个闹市旁居住下来。孟轲看到商人们都在开店设摊，叫卖自己的商品如何好，价钱便宜，他也跟着吆喝起来。孟母见此，深有感触地说："这里不是我安顿儿子的好地方啊！"

亚圣孟轲（上图）

孟子是孔子思想的继承者，主张法先王，行仁政，号召在一定限度内改善君民关系，强调个人的心性修养。主要著作《孟子》是他晚年与门人万章、公孙丑等人所编定。孟子继承和发展了孔子的学说，后世尊称他为"亚圣"。

于是，孟母又领着儿子搬迁到一所学宫旁边。在这里，孟轲经常到学宫外去听琅琅的读书声，观看学生恭敬、礼让的举动。时间长了，他也跟着要读书，讲求礼貌。孟母看到孟轲的变化，不禁感叹："这里真是适合我儿子居住的地方！"就决定再不搬迁，在学宫旁安定地居住下来。

刀断织布，激励学习

孟轲年少的时候，有一次从学堂归来，孟母正在机上织布，便问："今天学到了些什么？"孟轲说："自由自在，我玩得很开心。"孟母一听，立刻脸色阴沉，拿了一把刀子，把所织的布全部斩断。孟轲惧怕，问母亲为什么要这样。孟母说："你现在荒废学业，就像我斩断织布

> 历史文化百科 ‹

〔倡导"民贵君轻"的亚圣孟子〕

孟子名轲（约前372年—前289年），战国时邹（今山东邹城东南）人。受业子思门下，曾游学齐、魏、滕、宋等国，一度为齐宣王客卿，因意见不合引退，居邹潜心治学。着重发挥孔子学说中的"仁政"、"王道"思想。提出"民为贵，社稷次之，君为轻"。认为人性本善，应充分运用教育的力量促进社会文明进步。孟子强调知识分子的独立意识与社会职责，提出"富贵不能淫，贫贱不能移，威武不能屈"的操守准则。被宋儒称为"亚圣"。其论述集于《孟子》一书。

公元前 365 年

世界大事记

希腊哲学家安提西斯（约前445年—前365年）创建犬儒学派，认为幸福取决于德行，而德行可通过教育培养，主张人应鄙弃享乐，回归自然。

孟母
孟轲

勤奋
孟母三迁
胸怀

《古列女传》卷一
《韩诗外传》卷九

人物　典故　关键词　故事来源

一样。君子学以立名，问则广知，所以居则安宁，动则远害。现在你荒废它，将来会盗窃犯罪，或做苦役了。"

孟轲看到母亲的行动，听了母亲的训话，觉得十分害怕，再也不贪玩了，天天早起晚睡，勤学不息。

讲究诚信，不能欺瞒

有一天，孟轲看见房东家杀猪，便问母亲："东家杀猪，干什么？"孟母开玩笑地说："杀猪是为了给你吃肉。"随后便懊悔起来，自语道："我怀这儿子时，席不正不坐，割不正不吃，是为了在胎儿时就教育他。现在他刚知道事情而欺骗他，是教他不诚信了。"想到这里，孟母便到房东那里买了一块猪肉来烧给孟轲吃，以表明做人要诚实，不能欺瞒。

母亲教育有方，造就一代大儒

待孟轲长大，道德、知识和技能迅速提高，成为天下知名的儒学大师。人们说，这是孟母善于潜移默化的结果啊！ 〉杨善群

孟母教子遗址
"孟母三迁"和"孟母断机"的故事，千古传为美谈。从山东邹城孟子故里"孟母三迁祠碑"、"孟母断机处碑"，可以辨认孟子在母亲的循循教导下，勤奋学习，传播儒学，终成一代宗师的足迹。"孟母三迁"和"孟母断机"为儒家一贯倡导的家教典范。

最早的玉质印之一：玉舞人纽印
战国时工艺品，青玉质，纽为人形，着长袖衣，大手置于腹部，做翩翩起舞状。大方为一长方形印，印文为"何善"，上有圆孔，可穿细带随身相携，精巧之致，令人叫绝。战国之印多以铜铸，玉者不多见，这是迄今为止发现最早的玉质印之一，可称瑰宝。

〉历史文化百科〈

〔什邡战国船棺葬墓群〕

船棺葬是古代蜀人的特有习俗，四川广元、绵竹均有发现，但多为零星状态。1989年，在四川什邡首次发现船棺葬墓群，棺体最长的7.4米，宽1.04米。棺木为千年楠木，不加修饰地刳成船形。随葬品有青铜剑、斧、戈、矛、钺、矩、釜、鏊及锉、雕刀等。

这批船棺葬埋葬方向，均取北偏东45度，头东脚西，寓"吉星高照"、保佑后代兴旺吉祥之意。据测定，墓葬时间约为春秋晚期战国初期。

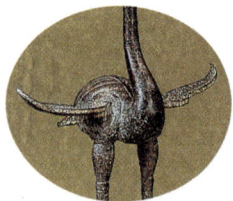

○三○

周王室分裂弱小

战国时代，周王室的威信越来越低，力量越来越弱，而且不断发生分裂。原来周考王封其弟于河南（即王城，在今洛阳市西郊），为周桓王。公元前367年，周桓王之子威公去世，周王室再度发生分裂。周威王的小儿子在自己的封地上自立，并得到赵国和韩国的支

秦齐争夺九鼎

战国后期的大国秦、齐、楚等都想得到九鼎，可秦在消灭了周王室后，得到的却是八个鼎。后来秦始皇曾为一个遗失的鼎到泗水进行打捞。

持，建都于巩（在今河南巩义市西南），称东周。因其以"奉王"（周显王）为名，故洛阳也称为东周。原来在雒邑的势力称西周。而周威王的长子仍居河南原王城，称西周。这样，周王室就正式分裂为东周和西周两个小国。

大国觊觎九鼎

虽然周王室因分裂而愈益弱小，但它还有一样传世的宝贝——九个大铜鼎。相传大禹治水成功，划九州，九州的首领向他进贡"金"。其时所谓的金，其实是铜。大禹用那些铜材铸成了九鼎，象征着九州都归他统治，因此九鼎也就象征

成组佩饰——谷纹卷龙佩

这对佩饰为曾侯乙墓的出土物。玉质青黄，呈蟠曲龙形，龙身布满均匀的谷纹，腹部有一小穿孔。通体抛光，具有战国玉器高抛光的特点。该墓共出土单龙玉佩十六件，分为卷龙形和蟠龙形两种，而同形玉佩又往往成对出现。

公元前362年

世界大事记

底比斯与雅典、斯巴达诸城会战于曼蒂尼亚，获胜，主帅伊巴米农达阵亡。底比斯提出议和，斯巴达拒绝。

《战国策·东周策》
《史记·秦始皇本纪》

谋略

育动

秦王政

人物　关键词　故事来源

着国家的权力。成汤把有夏国家的末代暴君桀诛杀了，并灭了有夏，建立了商朝，商汤便把夏代的九鼎迁到商。后来商朝被西周取代，九鼎又被迁到周的东都雒邑附近的郏鄏。待周王室正式分裂，九鼎便在徒有虚名的周显王所在的东周。对于这样一件象征着国家权力的宝贝，而它的主人又十分虚弱，一些有实力的大国怎能不心动，而千方百计想夺取它！

不惜用兵威胁

大约在周显王三十三年（前336年）前后，秦国见周衰弱不堪，于是派出一支军队向东周君求九鼎。东周君感到这是一个大患难，就同大臣颜率商量对策。颜率说："大王不必担忧，我到齐国去请求帮助。"颜率到齐国见齐威王，说："秦惠王无道，派兵求鼎。周君商议后，认为与其将九鼎给秦，不如给强大的齐国。大王若能出兵帮助周解除这次患难，不仅能获得美名，而且能获得重宝。"齐威王很高兴，就派了五万人马的大军西进。秦军听到齐出兵援周的消息，也就作罢了。

代替真人陪葬的木俑
历史上的贵人去世是要用真钱陪葬的，同时也用真人陪葬。进入封建社会以后，用木俑、泥俑陪葬，这较之用真人人道了许多。右图是战国代替真人陪葬的木俑。

可是齐国的军队将领向周提出要迁鼎。颜率再度到齐，问齐威王：九鼎将通过哪条道路运到齐国？威王说："走魏国。"颜率说："不可。魏国的君臣早已想得到九鼎了，恐怕九鼎一旦入魏，就再也出不来了。"威王说："那就绕道楚国。"颜率说："不可。楚王也早就希望得到九鼎了。若鼎入楚，也必不出。"接着颜率向齐威王故意吹嘘周武王迁鼎的事：每个鼎需要九万人拉运，有的人清道，有的人准备车辆器具，有的人保卫……九鼎的运输就需要八十一万人。颜率见齐威王左右为难，就告辞说："周是弱小国家，不敢欺骗大国，我回去等待着大王来迁鼎。"齐威王想不出迁鼎的好办法，也只得作罢。

秦昭王得八鼎

公元前256年，秦灭西周，并威胁东周。次年，东周民大批逃亡，洛阳城空，秦昭王就派了一支军队去雒邑迁九鼎。结果负责迁鼎的军队只找到八个鼎，并把它们迁到秦都咸阳。缺少一鼎，这支迁鼎军队的上上下下都会遭到灭顶之灾。军队的指挥官摎同全军将士统一口径，向秦昭王撒谎说，在搬运途中刮起了大风，把一鼎吹到了彭城附近的泗水里去了，彭城即今江苏徐州。年迈的秦昭王没有追究此事。

秦始皇统一全国后出巡天下，从山东省的泰山下来后转道向南，特意到彭城，派一千名将士下泗水打捞那个被谎称刮到泗水里的鼎，结果当然是一无所获。　＞王廷洽

> **历史文化百科**

〔废除人殉制度的划时代法令：止从死〕
"止从死"是战国时期秦国废除人殉制度的一项法令。据史书记载，秦国的人殉制度建立于公元前678年，该年秦武公去世，"初以人从死，从死者六十六人"。秦献公时，社会开化与生产力的进步，渐渐显出这一制度的反动性。公元前384年，秦献公宣布"止从死"，正式以法令形式废除了这一野蛮制度。但个别现象仍有遗存，如秦昭襄王母宣太后因宠爱魏丑夫，临死时提出以魏丑夫为殉。

○三一

缘木求鱼

从小刻苦学习

孟子名轲，字子舆，邹人，三岁时父亲去世，与母亲相依为命。知书达理的孟母知道，不论怎样也不能耽误了儿子的学业，于是便以芦荻为笔，以沙地为纸，对孟子开始了启蒙教育。后来又为了给孟子一个良好的学习环境而三次搬家，最后搬到学宫附近。良好的学习氛围再加上孟母严格的管教，孟子小小年纪便懂得要刻苦学习，不辜负母亲的期望。

不畏强暴的楚人精神——虎座双凤架悬鼓

木鼓是战国时期楚国的重要乐器。鼓架由两只卧虎、两只立凤组成。虎背上各立一只长腿、引吭高歌的鸣凤，气质跃然。背向而立的鸣凤中间，一面大鼓用绳带悬于凤冠之上。似乎不用敲击，就能体悟到蒙皮的木鼓声中自有的率直原真的野性实感。全器造型气韵生动，彩绘绚丽辉煌，是难得的艺术佳品。尤其值得注意的是，在这一凤与虎的组合形象中，凤体高大，气宇轩昂，傲视苍穹，虎却体形矮小，萎萎缩缩伏于地。反映了楚人崇拜鸣凤、向往安宁祥和的意识和征服猛兽、不畏强暴的精神。

孟子先在稷下学宫讲学，后周游列国，他用形象生动的比喻来宣传自己的"仁政"思想，实行"王道"的政治主张。

追求"仁政"理想

孟子被孔子的儒家思想所吸引，决定到孔子的家乡鲁国探究真理。功夫不负有心人，他终究拜得孔子的孙子子思的门徒为师。经过更加深入的学习，孟子认为孔子是有人类以来最伟大的人，于是一心要发扬孔子的思想，便来到当时的大国齐国，以求实现自己的抱负。

为了借鉴许多治国的方法，让各种思想自由争鸣，齐国在都城临淄西南的稷山脚下兴办了一个学宫，召集天下学者前来讲学。齐威王得知孟子前来，就造了一幢通衢大宅赐给孟子，并以千金作为讲学的酬劳。孟子得到重视和厚遇，很愿意为齐国效力。孟子以他的博学和口才很快获得学子们的拥戴，门下求学之人纷至沓来，一时孟子成了稷下学宫最有影响的学者。

后来，孟子来到滕国。滕是姬姓国家，在邹国南，其地在

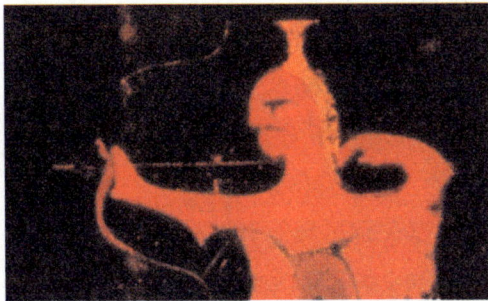

今山东滕州市。滕国的太子，后来当了滕国国君的滕文公，对孟子的"仁政"十分感兴趣，于是孟子就在滕国实行他的"仁政"主张。但孟子清醒地意识到：滕国只是个小国，在当时各国争雄的情形下，时刻都有被灭亡的危险，不可能把"仁政"推行天下。于是孟子离开滕国，到其他国家去继续宣扬"仁政"思想。可惜在各国互相攻伐、强者称霸的混乱战争局面下，没有一位君主愿意实施他的主张。

与齐宣王论辩

因为对齐国寄予厚望，孟子一生曾多次到过齐国，与齐宣王进行论辩，宣传他的政治思想。有一次，齐宣王一见孟子，就迫不及待地询问有关齐桓公和晋文公称霸的事。齐桓公曾九合诸侯，一匡天下；晋文公曾定乱扶周，破楚救宋，都是当时的霸主。但因为他们的行事不是靠仁政，而是凭武力，因此被主张"王道"的儒家称之为"霸道"。孟子见此，便轻轻地以一句"臣未之闻也"，把话题岔开，转而谈论王道。他要求齐宣王"发政施仁"，给民以恩惠，使天下的农民、商人及各行各业的人都来归附，这样就可以"王天下"了。他告诉宣王："你的目的是要开辟土地，使秦、楚来朝，当中国的首领，而你的办法是扩军备战，危及臣民，构怨诸侯。以你的所作所为，而想要达到你的目的，就好像缘木求鱼啊！"也就是爬到树上而想抓到鱼，

这是绝对不可能的。尽管孟子苦口婆心，用了生动的比喻予以开导，但齐宣王仍无施行"仁政"的诚意。

辽阔而不适事宜

当孟子之时，秦用商鞅，楚、魏用吴起，齐用孙膑、田忌，天下都在搞纵、连横，以攻法取胜，兼并土地，掠夺财富，而孟子却宣传施行唐尧、虞舜、夏禹、商汤、周文王的德政，所以没有哪一个君王采用它。孟子周游列国，但没能实现理想，决心著书立说。他和弟子万章等人著《孟子》七篇，记录他的思想和言行。 〉崔海莉

儒家经典《公羊传》（砖拓本）
《公羊传》又称《春秋公羊传》、《公羊春秋》，是儒家经典，《春秋》"三传"之一，后来被列入"十三经"。作者公羊高，战国时齐国人，相传是子夏（孔子弟子）的弟子。《公羊传》最初只是口说流传，直至西汉景帝时，传到他玄孙公羊寿，才与一个叫胡母生的人一起将该书写在竹帛之上，使之得以流传下来。

> 〉历史文化百科〈

〔先祖医学宝典《黄帝内经》〕
《黄帝内经》是我国现存最早的医学著作，中医学的重要典籍。成书年代约在战国时期，作者姓名不详。《黄帝内经》也称《内经》，内容涉及地理、养生学、哲学、天文学、心理学、季候、风水、历法、阴阳五行等各个门类，是我国文化宝库中的一部奇书，也是我国中医理论体系的源泉。

〇三二

庄子的蝴蝶梦

庄周是一个提倡万物齐一的道家思想家，他有一个著名论题：是庄周梦蝴蝶，还是蝴蝶变庄周？

庄周（约前369年—前286年）是宋国蒙人，其地在今河南商丘东北。他以任蒙地的漆园吏为生，家贫而好学，以恣肆汪洋的文笔著书十余万言，是继老子之后又一位杰出的道家思想家。

游戏污渎之中

漆园吏其实不是什么官，只是一片漆园的管理者，不仅生活得不到保障，经常要向他人借粟，弄不好还会发生漆中毒。庄子把自己的生活说成是"游戏污渎之中"。

楚威王得知庄子的贤能，就派了两个大夫去请

战国著名思想家庄周像
庄周是战国著名的道家思想家，他提出"道法自然"，道的最后归宿是泯灭一切差异，主张消极无为和绝对的精神自由。反映庄周思想的著作是《庄子》。此图出于明嘉靖年间王圻父子合编的著名版画书籍《三才图绘》。

庄子到楚国当官。两个大夫来到庄子的家乡，见庄子正在河边垂钓，就向他说明了来意。庄子头也不回地说："我听说楚国有一只三千年的神龟，死后楚王用丝绸把龟版包好装在竹笥里，又把竹笥珍藏于太庙。你们说此神龟宁愿死后被视为珍宝呢，还是宁愿摇尾伸颈地生活在泥涂中呢？"两个楚大夫异口同声地说："那当然宁愿摇尾伸颈地生活在泥涂中。"庄子说，我就愿意像神龟那样自由自在地生活。两个楚大夫明白了庄子不愿意出仕的志向。回到楚国向威王作了禀报。

楚威王还不死心，又派了使者，并携带厚礼聘请庄子到楚国任相。庄子笑着对楚国使者说："你们带来了上千块印子金，确实是一笔重大的财利；楚王要我

秦蜀交通驿站——古石牛堡
战国时，秦国一直想打通与蜀国的交通，无奈蜀道艰难。于是秦惠王想出一条妙计，他让工匠雕刻了五头石牛，放在秦蜀边界。每天早晨让人在石牛屁股下放一堆金子，然后放风说这是会拉金子的神牛。贪婪的蜀国国君闻讯，便向秦国讨要神牛，秦惠王自然满口答应。蜀国为了将石牛运回国，便派遣五名力士开山修路，一直连通秦国。图中的古石牛堡在今四川梓潼县南四十里处，是蜀道上的一个驿站。

世界大事记

雅典于"同盟战争"中失败，从爱奥尼亚撤退，承认其独立。"第二次海上同盟"瓦解。

《史记·老子韩非列传》
《庄子·齐物论》《秋水》

善思　贫穷

每况愈下

庄周

庄周

人物　典故　关键词　故事来源

担任相，也确实是尊贵的地位。可难道你们不知道一头作祭祀用的牛，供养了数年后，当它被披上彩袍牵入太庙时，还有机会像一般的牲口继续生存下去吗？你们赶快给我离开，别来污辱我。我宁可游戏于污渎之中而自快，决不会让高官厚禄来束缚我。我终生不仕，情愿这样无拘无束快乐地活着。"楚国使者既没

庄周梦蝶

"庄周梦蝶"语出《庄子·齐物论》，后多以"庄周梦蝶"比喻梦幻迷离，往事追忆，或梦中佳趣。李白《古风》云："庄周梦胡蝶，胡蝶为庄周，一体更变易，万事良悠悠。"此图出于清末民初马骀的《马骀画宝》。

双龙鹿角镇墓兽

▷历史文化百科◁

〔追求自由境界的超然哲人——庄子〕

庄子名周（约前369年—前286年），战国时宋国蒙（今河南商丘东北）人，道家代表人物。曾任漆园吏，家贫，借粟度日，不愿"为有国者所羁"，终身不仕。庄子学说继承老子"道"的思想，主张齐一是非、大小、生死、贵贱。提倡"天地与我并生，万物与我为一"的自由境界。其著作辑为《庄子》。后世道家将他与老子并称为"老庄"。

战国漆车马奁

漆奁是妇女用品，长沙战国楚墓出土较多的品种。漆奁制作极为奇巧豪华，其中的车马奁等是具有代表性的作品。车马奁用分层装饰方法，划分奁身为若干段，依次间隔地描绘人物车马场面，人和马刻画比较真实生动，表现出行云流水和自由奔放的风格。

有完成使命，又想不通庄子为什么不接受厚礼聘请，快快地回去了。

为死亡击盆而歌

庄子的妻子去世，惠施前往吊唁，见庄子张开两腿坐着，正一边敲击陶盆一边歌唱。惠施就责备他："尊夫人同你一起生活，为你生儿育女，现在不幸身亡，你不哭泣也已经够狠心了，还在那里击盆而歌，真是太过分了。"庄子说："不是的。她刚死时我

简陋的战国"轿子"

战国时期出现了用人扛抬的无轮辇，即步辇，为帝王贵族常用的陆地交通工具。步辇肩扛者又称肩舆，步辇发展为后世的轿子。这是云南晋宁石寨山出土的战国铜鼓贮贝器上的肩舆图，舆内坐一女子，由四个螺髻束带的男子扛着。这是简陋的战国时期的"轿子"。

确实慨然痛苦！但仔细一想，人本来就无生、无形、无气，在茫野恍惚之中变成有气、有形、有生了。从生到死，返回到初始，就像春夏秋冬四季轮转。现在她平静地躺在巨室之中，而我在旁边号啕大哭，认识到这是不理解'命'，所以我不再痛苦，反而要为她返回到初始无生而击盆歌唱。"

过了若干年，庄子老病将死，弟子们为他准备了较丰的随葬品。庄子反对厚葬，说："我把天地当作棺椁，把日月当作璧璧，把星星当作珠玑，天下万物都是我的随葬品，我的葬具岂不完备？何必还要增加这些东西！"弟子们解释说："我们担心乌鸦鸢鹰会啄食先生呀。"庄子却坦然地说："在上为禽鸟啄食，在下为蝼蚁侵食。夺彼而与此，岂非太偏心了？"正由于庄子把死亡理解为返回到初始无生的大自然，所以他能坦然处之。

八、与天地万物齐一

在庄子丰富的思想成就中，人与天地万物齐一的学说是核心。有一天晚上，庄子做了一个梦，梦见自己变成一只蝴蝶，忽上忽下地翩翩飞舞，真是愉悦畅快无比，竟然不知道这是在梦境中。突然惊觉，原来庄周还是庄周。可是尚在回忆梦境的庄子还在怀疑：究竟是庄周在梦中变为蝴蝶呢，还是蝴蝶做梦变成了庄周？其实庄子十分清楚：庄周、蝴蝶为二物。只不过用此梦来说明"万物与我为一"的道理，既然人与

万物齐一，那么物就可以互化，庄周可以变化为蝴蝶，蝴蝶也可以变化为庄周；庄周可以梦见自己变为蝴蝶，蝴蝶也可以梦见自己变为庄周。

有一次，东郭子问庄子："道究竟在哪里？"庄子说："无处不在。"东郭子希望庄子能具体一些。庄子接连举例说"在蝼蚁"、"在稊稗"、"在瓦甓"、"在屎溺"。东郭子被庄子这种"每下愈况"的举例弄得目瞪口呆，更加糊涂了。庄子接着解释：这些东西只是

战国石卧牛

石牛卧伏，昂首前望，头顶双角蜷曲，前蹄置于身躯两侧，后蹄蜷曲于腹旁，臀部贴地。牛身体各部分比例适当，通体浑圆，以表现腰肥体壮，充满活力的勃勃生机。周身简洁，细部不用花纹装饰，真实地再现了牛的形状。

名称不同罢了，却存在同一的"道"。既然道相同，所以万物可以齐一。庄子抹煞事物的差别，他的思想成为一种逃避现实的唯心主义学说。 〉王廷洽

097

◯三三

逼秦攻急中生智

韩宣惠王受骗

秦军进攻韩国，韩宣惠王打算割地联秦伐楚，楚怀王以欺骗的手段支持韩国抗秦，使韩国丧失失地，愈加衰弱。

战国后期，西方的秦国愈益强大，东方六国不能联合而各怀鬼胎，给秦国兼并各国以可乘之机。公元前315年，秦国攻打韩国的浊泽（今河南长葛市西北），东方各国袖手旁观，不敢救援。韩宣惠王为此坐立不安，相国公仲明对宣惠王说："盟国不可靠，秦国的本意实为攻打楚国，我们不如通过张仪向秦王疏通，割让一个大都城给秦，然后发

远射作战武器：箭镞
春秋战国时期，进攻战车上承载的甲士多配备竹弓青铜箭，作为远射兵器中的一种。图为出土的战国箭镞。

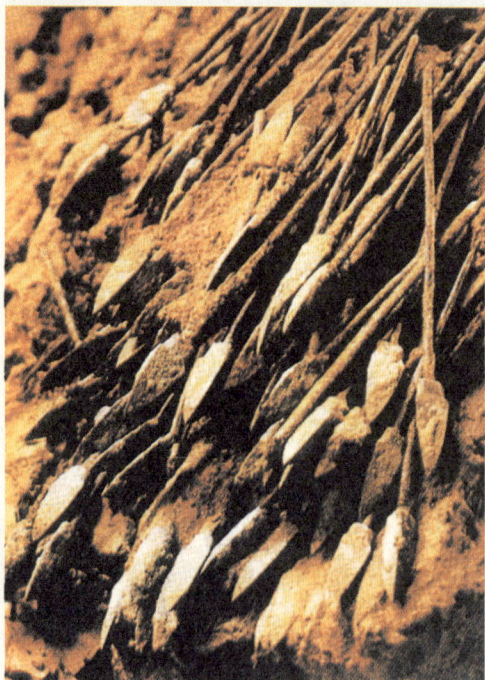

兵协同秦国攻楚，这是以一失换二得之利。"韩宣惠王说："好。"便让公仲朋择日西去秦国讲和。

楚国弄虚作假

楚怀王得知此事后大为恐慌，把陈轸召来商量。陈轸说："秦国欲攻楚国由来已久，如今又得了韩国的一个大都城，正可利用此城储积兵仗粮饷。然后秦、韩合兵南下，以实现其梦寐以求的愿望。臣有一计可以解除这一危难：大王先令边境线上所有军队都进入战争状态，大张旗鼓在军队中选拔精英，声言要去救援韩国，所有战车也排列整齐，作出即将出发之态。另派使臣尽量多带装满礼品之车辆赴韩，以此取得韩国信任。韩宣惠王即使不受我礼品，也必感激大王而放弃同秦军联合。秦、韩必会因此而产生矛盾。如果韩王受我礼品，和秦绝交，秦王更会将韩国恨之入骨。一旦秦、韩彼此对峙，楚国的祸患自然就消除了。"

怀王大喜，传令照办。庞大的楚国车队，带着令人炫目的礼品来到韩国，楚国使臣对韩宣惠王说："楚国虽国小力弱，但今已举国动员，无论大王如何

> 历史文化百科 <

〔外交谋略——合纵连横〕

合纵连横是战国后期秦、赵、韩、魏、燕、齐、楚等诸侯国之间展开结盟对抗的一种斗争形式。当时人们将南北视为纵，东西视为横。除秦国之外，其余六国地处南北，所以六国联合抗秦称为合纵。秦国处于西，燕、齐处于东，秦国通过韩、魏，联络燕、齐，以争取对赵、楚及其余各国各个击破的外交战略便称为连横。从事合纵连横活动的人称为纵横家，代表人物有苏秦、张仪、公孙衍、李兑、庞煖等。

公元前351年

世界大事记　小亚哈利卡纳苏斯的摩索拉斯陵墓建成，为古代世界七大奇迹之一。

《战国策·韩策一》
《韩非子·韩世家过》
《史记·韩世家过》

谎骗　谋略　猜疑

楚怀王　陈轸

人物　关键词　故事来源

最早的通行证：王命传龙节

王命传龙节是战国时一种青铜制的通行凭证，它与鄂君启节一样，是战国时期楚王发放的通行证。王命传龙节首端作龙头形，使者奉楚王之命远行，持此节作为通行证件，凡所到之地，地方上要给持节使者及随从人员提供食宿安排。这是龙节的正、侧两面。

对付秦国，楚国都将与贵国共存亡。"韩宣惠王听了极为高兴，便令公仲朋不要再去秦国求和了。公仲朋闻言，急忙劝宣惠王说："不可。"秦是以实困我，而楚是以虚救我。恃楚之虚言，轻易同强秦绝交，必遭天下人耻笑。依臣之见，这定是陈轸

战国乐器：形如葫芦的笙（下图）

此战国笙为匏质。匏体是在幼匏生长时，用范匏工具将其定型，待长成后再加工而成。在古代的神话传说中，笙的制作是为了人类的繁衍滋生，是为生息之象，后世一直有婚姻之神"女娲作笙簧"的传说。至今中国南方仍保留有芦笙乐舞一类与求偶相关的春季民俗活动。

的计谋，目的在于挑拨我国同秦国的关系，以解救其自身的危机。而且大王已经派人报于秦，今不去，是欺秦啊！轻视强秦之祸，而信楚之谋臣，王必定要后悔的。"

不明真相而吃大亏

韩宣惠王不听公仲朋的劝谏，而同秦国绝了交。秦国闻讯大怒，增兵向浊泽猛攻，韩宣惠王派使去催促楚怀王出兵，楚军却迟迟不见前来，浊泽很快被秦军攻陷。次年，秦又兴师大破韩军于岸门（今河南长葛市东），韩只好以太子仓为人质，向秦求和。

韩宣惠王受到楚国的欺骗，不听大臣的忠告，因而丧师失地，屡战屡败，韩国从此更加衰弱了。

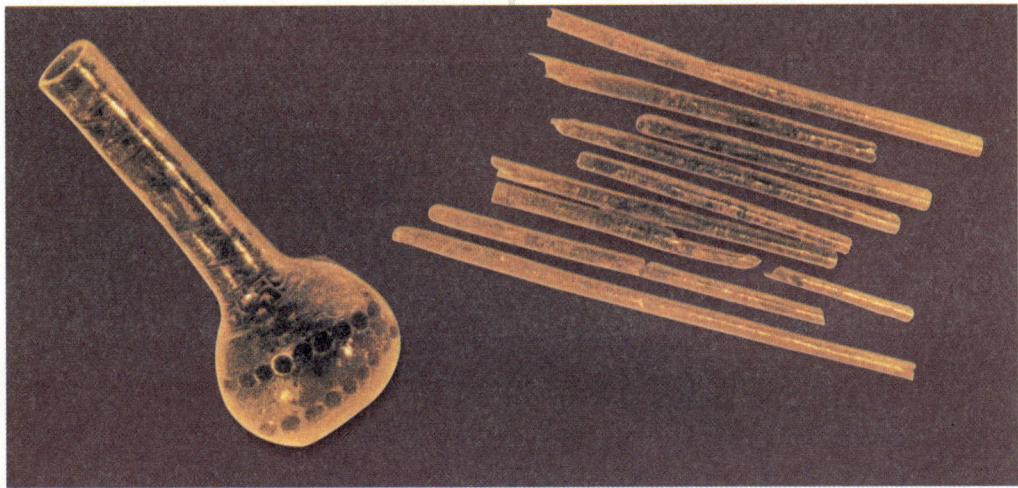

〇三四

献地阴谋

楚齐结盟，秦王食不甘味，派张仪赴楚，以商於之地六百里为诱饵，引楚怀王断绝与齐国的关系。刚愎、贪婪又目光短浅的楚怀王果然上当，于是危险接踵而至。

一举三得的"好事"

公元前314年，燕国内乱，齐国乘机发难，攻占了大半个燕国，把燕王哙也杀了。消息传到秦国，秦惠文王大怒，想出兵讨伐齐国，但考虑到齐国刚与楚国结盟，因而又有些顾虑，便将张仪请来商量对策，张仪说："大王息怒，请准备车马礼金，待臣去楚国一次。"

张仪来到楚国，先用重金贿赂了楚怀王的宠臣靳尚，然后去见楚怀王。张仪知道怀王是个喜听好话、狂妄自大的人，就投其所好，开口说道："天下诸侯间，敝国君最尊敬的国君是大王，微臣最钦佩的明主也是大王，敝国君臣无时无刻不想同大王结交！"楚怀王见自己在秦国有那么大的名声，不由乐不可支，口中客气地说："哪里，哪里，寡人也愿同贵国结交。"张仪一听，马上抓住不放，说："关键在于齐国仗着贵国的支持，整日和敝国作对。大王如能同齐国绝交，敝国不仅愿同贵国永结盟约，互结姻亲，还愿送上商於之地六百里，以表示诚意。"楚怀王见秦国的诚意如此真切，条件如此

楚国交通运输凭证：错金鄂君启铜节（上图）
这是安徽寿县出土的楚国水陆交通运输凭证。铜节分舟节和车节两种，用时双方各持一半，合节验证无误才发生效力。舟节上有9行165字错金铭文，车节有错金铭文150字，内容记载了楚怀王发给鄂君启舟节、车节的过程，并详细规划了水陆线路、运载额、运输种类和纳税情况等。

丰厚，喜笑颜开，靳尚也在一旁敲边鼓。张仪瞧了一眼楚怀王，接着又说："当今天下七国，齐、楚、秦三国最强。大王若与秦国缔约结盟，既可削弱齐国，又可得到秦国支持，加强大王在诸侯面前的威望，更可得六百里商於之地，增强国力，真可谓一举而三得啊！"

群臣皆贺，陈轸独吊

楚国大臣们听说有六百里地的赠予，纷纷向楚怀王祝贺。正在这时，客卿陈轸脸色阴沉，好像是在吊丧。怀王十分不悦，脸色一沉问："群臣皆贺，唯你独吊，是何意思？"陈轸答："臣以为这是秦国的阴谋，到时我们不仅得不到商於之地，恐怕还会招来意外之灾啊！"怀王生气地问："何灾之有？"陈轸说："秦国之所以重视楚国，是因有齐国的强大盟邦。大王如与齐国绝交，楚国顿时陷于孤立无助境地。张仪不过一个摇唇鼓舌之辈，到时秦国不给我们土地，我们如之奈何？万一秦、齐再一联手，我们的祸患岂不更大？所以臣不但不贺，还想大哭一场啊！"陈轸因是个客卿，目光比较客观、公允，他的话确实不无道理，然而却触犯了楚国贵族们的利益，于是纷纷指责陈轸危言耸听，故作惊人之语。楚怀王此时头脑稍微冷静了一些，说："既如此，我们不妨先派人去接受六百里地，然后派人去同齐国绝交。"事情就这么定了。楚怀王

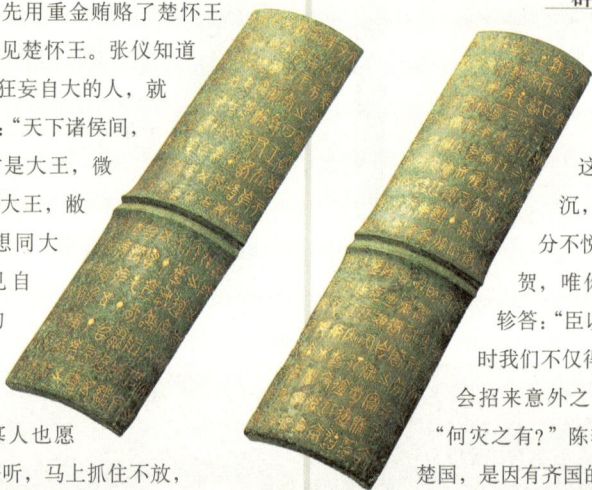

《史记·张仪列传》

《战国策·秦策二》

《资治通鉴·周报王元年》

谋略 诡骗 愚蠢 贪吝

秦惠文王 楚怀王 张仪 陈轸 逢侯丑

人物 关键词 故事来源

张仪诓楚

楚齐结盟，秦王派张仪到楚国离间楚齐关系。张仪对楚王说：如果大王与齐国断交，我就把商於六百里地献给大王。楚王上当，答应了张仪的请求。张仪回到秦国后，假装摔伤，三月不上朝，楚国始终办不了转让土地的手续。楚王大怒，兴兵攻秦，结果吃了败仗，反割让两城与秦国讲和。此二图为清末民初的石印本《东周列国志》插图。

派将军逢侯丑跟张仪去秦国接受六百里地，后派使者去同齐国绝交。

张仪耍尽花招

　　逢侯丑跟着张仪去秦国。路上张仪早宿晚起，天天设酒宴款待逢侯丑，武人出身的逢侯丑为自己能遇上这样的知交高兴异常，殊不知这是张仪的缓兵之计：张仪想方设法减缓行速，希望楚国使者先到齐国

与齐国断交。这天，车子来到咸阳城外，张仪又请逢侯丑喝酒，然后假作酒醉从车上倒栽下来，手下一面送张仪去医治，一面安顿逢侯丑在宾馆先住下来。逢侯丑一住三个月，每次去看望张仪，都被门官挡驾说："主人遵医嘱静养，不能会客。"逢侯丑没有办法，只能直接给秦惠文王写信，提出接受商於之地的事。秦王回信说："相国答应之事当然照办，但寡人至今未听到贵国同齐国绝交的消息，等相国病好后再说吧！"逢侯丑想想也对，怎能自己这边无一点表示，单要人家割地呢？他就将这意见转告了楚怀王。楚怀王也等得不耐烦了，马上派使臣去齐国宣布绝交。齐宣王气愤地派使臣来见秦惠文王，要求同秦国结盟，一同攻

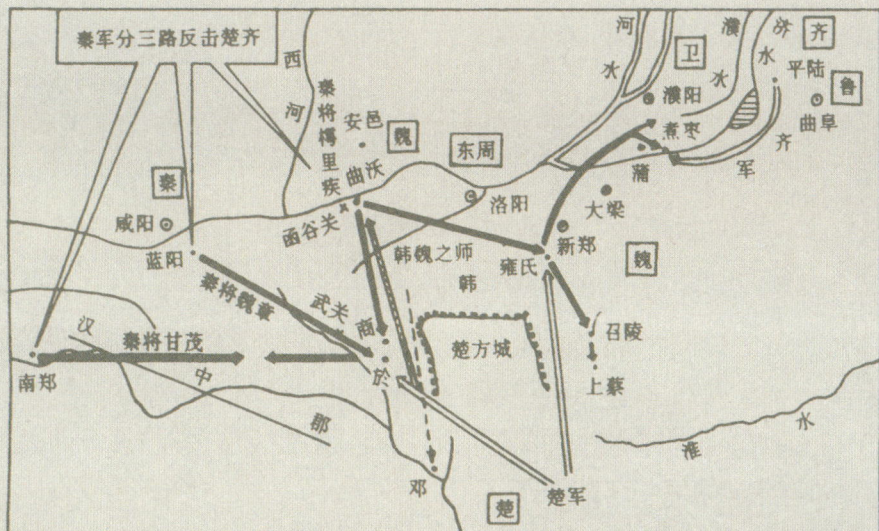

图例：━━▶ 秦军 ┄┄▶ 韩魏之师 ⫿⫿⫿▶ 楚军 ═══▶ 齐军 ✕ 关塞

秦军战胜楚齐示意图

公元前312年，秦军分三路出兵反击楚齐联军。东路由名将樗里疾统率，从函谷关入韩，帮助韩对围攻韩的雍氏的楚军进行反包围。中路由庶长魏章统率，从蓝田出发，到商於之地反击进攻的楚军。西路由甘茂统率，从南郑出发，向东进攻楚的汉水流域，攻取楚的汉中。三路军分别在丹阳、汉中、蓝田大败楚齐军队。

打楚国。

一直在家"养病"的张仪终于露面了，赶着去同齐国使臣洽谈，不意在朝门外撞上正等候在这里的逢侯丑。张仪故作惊讶地大声说："啊呀！将军怎么还在这里？那块地还未接受吗？"逢侯丑等的就是这句话，忙说："秦王说等你病好了再说，现在我们一起去见秦王吧。"张仪说："这跟秦王有何关系？我的事我自会处理。"逢侯丑不解其意，张仪说："是我愿将六里封地献给楚王，与大王无关。"逢侯丑一听更是莫名其妙，问："不是说六百里吗？怎么是六里呢？"张仪又是摇头又是摆手说："秦国土地都是秦国将士流血拼命争来的，我区区一个外来客卿，有何权力拿秦国土地送人呢？别说六百里，就是六十里也不行！我说的六里，是秦王给我的封地，这是属于我的，所以才能做主。"逢侯丑听到这里，气得浑身发抖，一句话也说不上来。

张仪圆滑处世

连吃大亏的楚怀王欲得张仪，用一大片土地同秦王作了交换。身陷绝境的张仪重金收买了怀王宠臣靳尚，又进而收买了怀王宠妃郑袖，终于逃脱了楚怀王的惩罚。

丧理智，一败涂地

逢侯丑回到楚国，将受张仪欺骗之事一五一十报告楚怀王，楚怀王气得暴跳如雷，大叫一定要抓住张仪，吃他的肉、剥他的皮。遂于公元前313年，任屈匄（gài）为大将，逢侯丑为副将，率兵十万，讨伐秦国。秦惠文王闻报，任庶长魏章为大将，甘茂为副将，也率兵十万，迎敌楚军，同时又遣使请齐宣王助阵。齐宣王正愁找不到报复楚国绝交的机会，马上派大将匡章率大军向楚国杀来。楚军遭到秦、齐两军夹击，溃不成军，十万甲兵被杀了八万，屈匄、逢侯丑等七十多名将官都成了俘虏；整个汉中郡，包括沔阳、成固至新城、

战国彩绘立雕双鸟双蛇座架

上庸等大片土地全被秦军占领。楚怀王气疯了，急发国内兵马与秦决战于蓝田，结果又大败。韩、魏等国趁火打劫，也南袭至楚国邓邑，抢占了一大片土地。

一败涂地的楚怀王只得罢兵求和，派屈原去齐国谢罪，派陈轸去秦国求和，请割让两城作谢礼。

施巧计，虎口脱险

过了一年，秦王欲得楚国的黔中地，想以武关外的商於之地与楚国交换，就

战国时期建筑构件：立凤蟠龙铺首
铺首衔环，饰浮雕兽面，兽面正中立一凤，兽面两侧边沿和衔环各有一条上攀蟠龙。铺首长45.5厘米，重22千克，是罕见的大型铺首。

> **历史文化百科**
>
> 〔楚国都城——郢〕
>
> 楚国都城郢，在今湖北荆州西北、纪山之南。今被列为全国重点文物保护单位的纪南城即是郢都遗址。公元前278年，秦将白起攻陷郢都，郢被划入秦国版图，楚国被迫迁都陈（今河南淮阳）。之后，楚国又两度迁都，第一次为楚考烈王十年（前253年）迁都巨阳（今安徽阜阳北），二十二年再迁寿春（今安徽寿县），所迁之处，在当时都称郢。此外，楚国在纪南城东南所建造的一座别邑，习惯上也一直被称为郢。

103

派人向楚怀王述说此意。不料，楚怀王此时最恨的是张仪，他告诉秦王："不用调换，寡人愿奉送黔中之地，只请秦王将张仪交给寡人！"这个建议，秦惠文王倒动心了，可是怎么向张仪开口呢？张仪听说此事，便主动请行。秦惠文王说："楚王恨你以商於之地欺骗他，定会把你杀了，怎么办？"张仪说："秦强楚弱，大王在，楚不敢把臣怎么样。且臣与楚靳尚关系甚好，尚又奉侍宠姬郑袖，袖所言，楚王皆听从。假使臣被诛而秦得黔中地，也是臣所甘愿的。"于是，张仪便只身来到楚国。

楚怀王将张仪押入牢房，准备把他祭了祖庙后再杀死。张仪行前深知此去凶多吉少，早已派人以重金买通了楚怀王的宠臣靳尚，通过靳尚，又向楚怀王最宠信的妃子郑袖行了重贿，靳尚对郑袖说："秦王

美丽的楚国纺织品残块

楚国是纺织业非常发达的国家，目前考古发现的时代最早、保存最完整的纺织品几乎全部出自楚国。湖南出土的纺织品有绢、麻、丝绸、丝绵、刺绣、锦等，颜色多种，说明中国古代染织技术非常先进，刺绣风格独特。

特别宠信张仪，已有传言要用上庸六县及多名美女换回张仪。到时秦国美女必定受到大王恩宠，夫人的日子岂能好过？"郑袖于是日夜和楚怀王吵闹。楚怀王一向对郑袖言听计从，此时经她一闹，头脑慢慢冷静下来，心想杀了张仪，万一惹怒秦王，只怕后患无穷。于是，在郑袖、靳尚一里一外的劝说下，楚怀王终于将张仪放了。

善辞令，周旋列国

张仪回秦国后不久，秦惠文王去世了，太子荡继位，即为秦武王。秦武王一向不欢喜张仪，一帮与张仪不和的臣子利用这一时机挑唆秦武王。张仪审时度势，给自己设计了一条脱身之路，他向武王奏言说："齐宣王痛恨微臣，不妨让臣去魏国，齐王听说臣在魏，必出兵攻魏，届时大王可乘机发兵

楚国袍服女装（上图）

湖北江陵楚墓出土的大批精美织锦和刺绣品，堪称春秋战国丝绸技艺的杰作。这件楚国袍服，宽袖紧身，袍长曳地，上绘卷曲纹样。袖端部分所绘的条纹图案，是当时服装的一大特色。

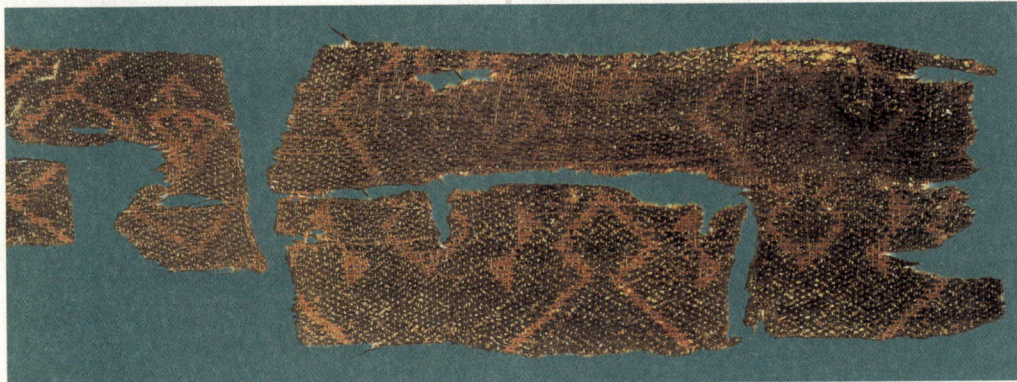

韩国，讨平韩国便直抵成周，周朝的重器必出，此王业之机啊！"此话正中秦武王下怀，就下令给他三十辆车，让他到魏国去。张仪一到魏国，便被魏襄王拜为相国。

齐宣王听说张仪不为秦国新王所喜，已被逐到魏国，马上通知各国，重树"合纵"大旗，自己当了纵约长，悬赏十城，捉拿张仪，并率先发兵向魏国进攻。魏襄王原想依靠张仪巩固魏在列国中的地位，不料张仪刚到，就引来了齐国的大军，忙找张仪商议。张仪说："大王不必着急，我可马上让齐国罢兵。"回府后，张仪打发舍人冯喜扮成楚国使者来到齐营，对齐宣王说："大王憎恨张仪，为何还要帮他的忙？"齐宣王不解，冯喜说："我从咸阳来，得知张仪离秦去魏乃是计谋。张仪到了魏国，料定大王定会发兵攻魏，秦王即乘机攻打韩国，然后兼并成周，开辟东进的通道。现在大王果然攻打魏国，不正帮了张仪的大忙吗？"齐宣王大惊，说："啊呀，寡人不明就里，几乎上了大当！"急忙下令撤军。

魏襄王见齐军一夜之间退得干干净净，更加信任张仪了。

精工细作的双兽耳彩绘陶壶

此陶壶1964年北京昌平松园村出土，为战国时期燕国盛酒器。陶壶口部为正方形，口沿宽厚，上有盖，圆腹，长颈，两侧有对称虎形耳，神态生动，装饰性强。

中国大事记

公元前 3 4 4 年

魏惠王于逢泽（今河南开封东南）召集十二国诸侯会盟，会盟后一同朝见周天子于孟津。魏国势力达至鼎盛。

屈原的悲壮历程

屈原的一生历经坎坷，屡被放逐，终不得志，只得自投汨罗江而亡。他创作的《离骚》感情真挚，极富感染力。

小人谗言

屈原名平，字原，是楚王的同姓贵族。因为祖先封在"屈"这个地方，所以就以屈为氏。屈原年轻的时候受到楚怀王的高度信任，官至左徒，是君王左右的高参。他对内积极辅佐怀王变法图强，对外坚决主张联齐抗秦。不久，在他的努力下，楚、齐、燕、赵、韩、魏六国的君主在楚国的都城郢（今湖北省江陵一带），结成联盟，并一致推举怀王为联盟的领袖。联盟的力量，抑制住了秦国的扩张势头，也使楚国一度出现了一个国富兵强、威震诸侯的局面。屈原也因此成为楚国内政外交的核心人物。

后来，上官大夫靳尚、公子子兰等人因妒忌屈原的才能，就不断在怀王面前进谗言，说屈原不但居功自傲，自认为朝野上下除了他就无人有如此才能，还一直把别人的功劳据为己有。于是，怀王一怒之下就疏远了屈原，免去他的左徒之职，转任为三闾大夫，掌管王族昭、屈、景三姓事务，负责宗庙祭祀和贵族子弟的教育。

爱国诗人屈原

屈原（约前340年—约前277年）名平，字原，楚国贵族。屈原少年得志，二十多岁就出任左徒，"入则与王图议国事，以出号令；出则接遇宾客，应对诸侯"，是楚国内政外交的核心人物。后因受到排挤，郁郁不得志。楚国都被秦攻破之后，他在悲愤交加中自沉汨罗江而死。

流放远地

秦国的国王听到屈原在楚国已失宠的消息，认为是天赐良机，忙把相国张仪召进宫来商量下一步的行动计划。张仪认为，六国中间，唯有齐、楚两国最有力量，只要离间这两国，联盟也就散了，到那时，就没有一个国家可以与秦国抗衡，并表示他愿意趁楚国内部发生矛盾的机会，亲自去拆散六国联盟。秦王听

> 历史文化百科 <

〔二千五百年前的七个地域文化圈〕

由于不同的地方特色，春秋战国时期我国存在特色鲜明的七个文化圈。它们是：一、中原文化圈。具有浓重的华夏传统色彩。二、北方文化圈。兼容游牧文化的特色。三、齐鲁文化圈。保存最多的周文化传统，又留有古代东夷与殷氏族的文化痕迹。四、楚文化圈。五、吴越文化圈。六、巴蜀滇文化圈。七、秦文化圈。七个文化圈为秦统一后灿烂汉文化的形成都作出了独特的重要贡献。

公元前348年

世界大事记

马其顿王腓力二世攻陷奥林索斯，毁其城，哈尔基季基同盟解散。

《史记·屈原贾生列传》

逸言　正直　爱国

屈原　楚怀王

人物　关键词　故事来源

屈原被谗流放后行吟山水间

精通治国策略的诗人屈原，其正确建议不仅未受重视，反被罢官放逐江南地区。楚陷入困境、即将被秦灭亡时，屈原作诗《怀沙》，再抒爱国情怀，后投汨罗江殉志。朱约佶的《屈原图轴》，描绘了屈原被谗流放后行吟山水间的情景。

后大喜，准备了许多金银珠宝，交给张仪，作为贿赂之资。张仪将相印交还秦王，伪装辞去秦国相位，向楚国进发。

张仪入楚后，不惜重金贿赂佞臣靳尚、公子子兰和怀王的宠妃郑袖等人。在他们的帮助下，赢得了怀王的信任。张仪还向怀王许诺：若绝齐联秦，秦国愿献商於一带的土地六百里。于是，怀王贪利，楚、齐联盟就这样被破坏。要兑现承诺之时，张仪却对怀王说，当时约定的是土地六里，而不是六百里。楚怀王一怒之下，大举发兵攻秦。可是，此时的楚国已是势单力孤，不但丹阳、蓝田战役相继失败，而且还丧失了汉中的土地。此后，又由于怀王在外交上的举措失

当，楚国接连遭到秦、齐、韩、魏的围攻，陷入困境。

楚怀王三十年，秦人诱骗怀王会于武关。屈原极力劝阻，但公子子兰等却力主怀王入秦，结果怀王被扣而不得返，三年后客死于秦。怀王被扣后，顷襄王继位，子兰任令尹，相当于宰相一级的官职，楚秦邦交一度断绝。但在顷襄王继位后的第七年，为求暂时的苟安，竟然与秦约为婚姻。屈原极力反对顷襄王的这一做法，并指责子兰对怀王的屈辱而死负有责任。怀恨在心的子兰又联合上官大夫在顷襄王面前造谣诋毁屈原，于是，屈原被流放到边远的地方。

《楚辞》明刊本

《楚辞》是一部长篇诗歌总集，作者为屈原（亦有宋玉、景差、唐勒的少量作品），分《离骚》、《九章》、《招魂》、《九歌》、《天问》等篇章，大部分是伤时哀世之作。《楚辞》内容充满荆楚巫文化的神奇、浪漫，极富想象力。

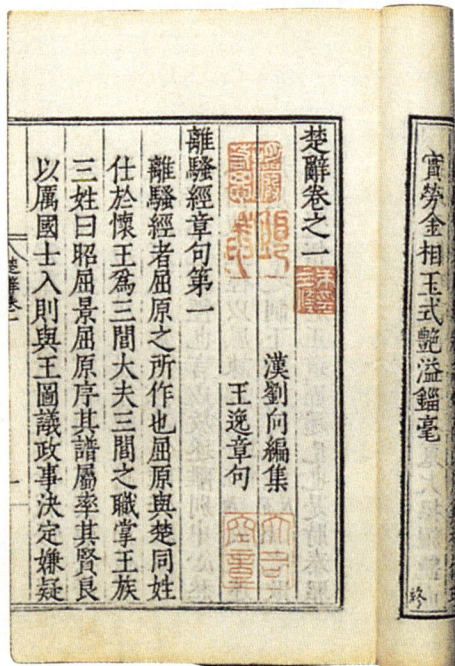

九歌图卷：东皇太一

作者张渥，元代杭州人，工白描人物，继承宋代李公麟的白描画法。这是他的代表作，是十八描中的"铁线描"的典范。图中人物为屈原《九歌》中人物东皇太一，有仙骨神韵，以线条增强人物的动感。

九歌图卷：湘夫人

作者张渥。唐代吴道子作画有"吴带当风"之誉，此图也仿效吴道子，人物神态生动，同时用细线勾出细小的水纹，与人物形成对比，虚实相映。图为屈原《九歌》中人物湘夫人。

周身饰朱漆描黑朱色纹饰的扁鼓

扁鼓1978年出土于湖北随县（今随州市）擂鼓墩一号墓东室。其形圆而体扁，故有扁鼓之名。全鼓由十二块腔板黏合而成。鼓体两端蒙鼓皮，各有三行竹钉。此鼓腹周体饰以朱漆，并描黑色云纹和朱色"山"形纹。此鼓有两块腔板的中部各有一方榫，可能与置鼓的方式有关。

幽愤投江

屈原忧国忧民，无奈国势日衰。顷襄王二十一年，秦将白起攻破楚都郢。次年，秦军又进一步深入。屈原眼看自己的祖国已陷入绝境，踌躇中来到汨罗江畔，披头散发在水旁边走边吟，面色憔悴，形容枯槁。一位老渔夫见了，惊问他道："您不是三闾大夫吗？怎么会落魄到这种地步？"屈原惨笑一下："举世皆浊而我独清，众人皆醉而我独醒，所以被放逐。"老渔夫不禁劝慰："圣人就应该不拘泥于外在事物而能够顺应时俗。既然世间都是混浊的，为什么不随波逐流，推波助澜呢？既然众人都醉了，那为什么不也跟着吃那酒糟，啜饮淡酒呢？难道一定要坚持自己的清白而招致流放吗？"屈原说："我听人家说，刚刚洗过头发的人一定要弹掉帽子上的灰尘，刚刚洗过澡的人一定要抖掉衣裳上的尘土，既然如此，人又怎么能以自己的洁白之躯去蒙受世俗的玷污呢？我宁愿投江，葬身鱼腹，也不愿意让自己高洁的品德去蒙受世俗的污染。"于是作了首《怀沙》赋，自沉于汨罗江中。

千古绝唱——《离骚》

屈原的一生，悲惨而不得志。于是投入全部激情，创作诗歌，其中有我国古代诗歌史上最长的一首浪漫主义的政治抒情诗——《离骚》，对后世产生了深远的影响。屈原在诗作中从叙述自己的身世、品

纪念爱国诗人屈原的祠堂（湖北宜昌）
这是纪念爱国诗人屈原的祠堂，又称屈原庙。屈子祠建筑为砖木结构，庄严古朴，肃穆幽雅。在过道的墙壁上，镶嵌着许多石碑，镌刻着后人凭吊屈原的诗文词赋。屈原像位于后殿，神采感人。今存屈子祠系清乾隆年间所建。

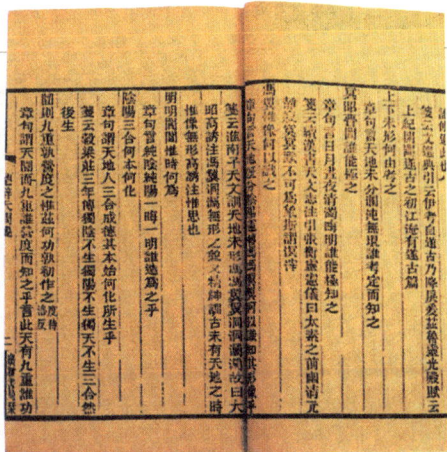

屈原问天的杰作《天问》（清末刻本）
《天问》就是问天，是屈原的作品。文章构思奇特，在这首诗中，屈原提出了一百七十多个问题，有关于自然现象的，也有关于社会历史的。鲁迅认为《天问》"放言无惮，言前人所不敢言"。

德、理想，抒发自己屡屡遭谗被害的苦闷与矛盾，斥责了楚王的昏庸、恶人的猖獗与朝政的每况愈下，表达坚持"美政"理想，抨击黑暗现实，并表现了坚决不与邪恶势力同流合污的斗争精神和至死不渝的爱国热情。诗中大量运用了古代神话传说，以想象的方式构成了瑰丽奇特的幻想世界，又以神游幻想世界的方式表现了诗人对理想的热烈追求。诗中大量地运用了"香草美人"的比兴手法，将深刻的内容借助具体生动的艺术形象表现出来，极富艺术魅力。

《离骚》是在楚地民歌歌词的基础上，发展了《诗经》的比兴手法，创造出句子长短不一、变化灵活的一种新的诗体——楚辞体。西汉末年，刘向辑录屈原、宋玉的作品，以及汉代人模仿这种诗体的作品，汇编成一书，书名即题作《楚辞》。这是继《诗经》之后，我国古代历史上又一部具有深远影响的诗歌总集。此外，由于屈原的《离骚》是楚辞的代表作，所以楚辞又被称为"骚"或"骚体"。　〉崔海莉

〇三七

庄𫏋农民大起义

战国后期在楚国爆发了庄𫏋领导的农民大起义，这次起义显示了广大农民的觉醒和力量，给楚国政权以沉重打击。

统治集团的腐败与残酷剥削

在战国时期各国的统治集团中，楚国是十分腐败的一个。自公元前381年吴起变法失败后，楚国军政大权长期掌握在昭、景、屈三家贵族手中。他们反对革新，排斥贤人。楚怀王时屈原主张改革，制定新的法令，以达到国家富强的目的，终因腐朽势力的排挤而遭流放。于是，贪婪的贵族更加肆无忌惮，横征暴敛，搜刮百姓，断绝了广大百姓的生路。处于水深火热之中的楚国人民，对于贵族统治者的残酷剥削早就恨之入骨，纷纷起而抗争，因而"楚国多盗"，"盗贼公行而不能禁"。大规模的农民起义可能一触即发。

加之楚国这些年来在对外战争中一再惨败。公元前312年，楚怀王因受张仪之骗而攻秦，结果楚军大败，被斩首八万，丧失汉中六百里地。楚怀王再兴师出击，又在蓝田被秦军击败。公元前311年，楚又被秦攻取召陵。前303年，齐、魏、韩三国联合攻楚，逼得楚向秦求救。兼并战争中接二连三的失败，更增加了农民的赋役负担，使农民饱受杀戮和掳掠之苦。在忍无可忍的情况下，农民们只有联合起来，向贵族统治集团作殊死的搏击。

起义爆发后英勇斗争

公元前301年，齐、魏、韩三国再次联合攻楚，大败楚军于垂沙，杀死楚将唐蔑。楚国宛、叶以北的大片土地也被韩、魏两国占领。乘楚国在对外战争中一败涂地、统治力量相对薄弱之机，庄𫏋率众在全国范围内爆发了农民大起义。这次起义规模相当大，据说起义军"横行天下，聚党数千"。在起义军强有力的打击下，楚国各地统治机构之间的联系曾被切断，造成楚国四分五裂的局面。起义军还曾占入楚都郢，在都城中与统治集团展开浴血奋战，有的史书把"庄𫏋暴郢"与"秦国长平"相提并论，作战双方都是"相暴相杀"。可见庄𫏋起义军在郢都与楚国统治集团战争之激烈；一方面，起义军英勇战斗，震撼了楚国统治者，使他们付出了沉重的代价；另一方面，楚国贵族统治集团也纠集全国的精锐武装力量，对起义军进行血腥的残酷镇压。

颇具巫风的楚币

战国时期楚国的货币称铜贝币，系仿照磨去背面的海贝铸成。面部铸有阴文，俗称"鬼脸钱"、"蚁鼻钱"，是楚国通用时间较长、流行地区较广的一种货币。

> 历史文化百科

〔战国时期的土地计量单位：小亩、亩〕

小亩和亩是战国时期通行的一种亩制。春秋战国之前我国通用周制，即六尺为一步、宽一步、长百步为一亩。进入春秋时期之后，牛耕和金属农具的广泛使用促进了农业的发展，周亩显得落后，各诸侯国纷纷扩大亩的面积，从宽一步、长一百步扩大到一百六十步甚至二百四十步。有的诸侯国干脆将以往的五百小亩算作一亩。

公 元 前 3 4 7 年

世界大事记

柏拉图提出永恒不变的理念世界是物质世界的本原，物质世界是其不完全的复制。

《荀子·议兵》
《韩非子·喻老》
怨愤
庄跻   谋略
人物 关键词 故事来源

向西南地区的战略大转移

经过一段时间的顽强拼搏，起义军终因力量悬殊，在郢都地区难以立足。为避开不利的形势，庄跻乃率部向楚国统治力量薄弱的西南地区实行战略大转移。起义军经过艰苦转战，穿越今湖南西北部的楚黔中郡，溯沅江而上，攻克在今贵州东南部的且兰并继续西进，打败在今贵州西部的夜郎。大约在公元前286年左右，庄跻农民起义军到达今云南的滇池地区。

中国最早的黄金铸币：郢爰和卢金
郢爰和卢金是战国时期楚国的货币，由纯黄金制作，呈版状，支付时切割成小块，称量使用。

起义军入滇后，庄跻及其部队在那里称王，号为"庄王"，建立了政权，都城在今云南晋宁。庄跻并下令起义军应尊重当地少数民族的风俗习惯，全部改穿当地民族的服装，和他们打成一片。庄跻农民起义军转战进入滇池地区，带去了内地先进的生产技术和文化，沟通了云南和内地的政治、经济联系，又为开发祖国的西南边疆建立了功勋。   〉杨善群

中国大事记

屈原在世。楚怀王时屈原任"左徒"，主张政治改革。前278年楚都郢被秦攻破，他投汨罗江自尽。作品有《离骚》、《九歌》、《天问》、《九章》等，被后人编入《楚辞》。

公孙龙的诡辩术

公孙龙主张"白马非马"，虽然在思辨哲学上具有伟大的意义，可是当他骑着白马过城关时发生了困难。

同孔穿论辩

公孙龙（约前320年—约前250年）是赵国人，曾为平原君赵胜的门客。孔穿早就知道善于名辩的思想家公孙龙，现在平原君这里见到了他，说："我知道先生有很高明的辩术，想成为你的弟子也是我的夙愿。先生若能放弃'白马非马'之说，我当即拜先生为师。"公孙龙说："先生把话说反了。我之所以成名，就是因为白马之论。你要我放弃这一学说，那么我就没有什么可以教你了。所谓拜师，是因为自己有智慧而学得不够才需要拜师求学。你要我放弃白马论，这是'先教后师'。先教后师有悖于拜师。更何况白马论是尊祖孔仲尼所主张的。"孔穿一听此话，甚为惊讶，自己还不知道先祖曾主张白马论，倒要讨教一番。公孙龙接着说："楚昭王在云梦打猎，满载而归时不慎将宝弓遗失了，左右臣下请求去把弓找回来。楚昭王说'停止寻找！楚人遗弓，楚人得之。又为什么要寻找呢？'。仲尼听说此话后说：楚昭王想成为仁者而未得，不如说'人失弓，人得之'，方显出仁义之心。仲尼区别'楚人'与'人'的意义，正与我所主张的'白马非马'相同。孔穿先生你继承儒学认为仲尼之所说为非，想拜我为师而要我放弃我的学说，这是一种思维的悖乱。就是有一百个公孙龙也无法教你的。"孔穿哑口无言，当场拜公孙龙为师。

骑白马过城关

有一次公孙龙骑着白马过城关，守关的军士贴出告示，说"骑马者不得进入此城"。军士们知道这就是主张"白马非马"的公孙龙，由于不理解这一命题的哲学意义，想以此来刁难他。没想到公孙龙脱口而出："我骑的是白，不是马。"军士们没有办法，就让公孙龙进了城。后来又有一次要进此城，军士决定再来刁难他一次，就贴出告示，说"非骑马者不得入"。公孙龙说："我骑的是马，不是白。"军士们不能接受，说：上次你说骑的是白，不是马。你主张白马不是马，所以你骑的不是马。不能进入。公孙龙知道这一回真是秀才碰到兵，有理说不清，只得暂且承认白马也是马。

生趣盎然的彩绘陶鸭

右图是河南郑州二里岗出土的战国彩绘陶鸭。鸭身中空，鸭首连体昂起，双目前视，嘴微启。陶鸭生动形象的造型，是罕见的艺术珍品。

公元前346年

世界大事记

马其顿与雅典签订《菲奥克拉提斯和约》，结束第三次"神圣战争"。马其顿由此控制希腊北、中部（包括温泉关、特尔斐）。

公孙龙   《庄子·天下》
孔穿   善思

人物 关键词 故事来源

是马，过了关。

标新立异，耸人听闻

公孙龙平时宣传"白马非马"，也就是说：白马不是马。他是这样论证的："白，讲的是颜色；马，说的是形状。颜色不是形状，形状不是颜色。讲颜色，不应把形状参加进去；说形状，也不宜与颜色连在一起。现在把讲颜色的白与说形状的马合在一起，当然与单纯说形状的马是不一样的，所以说：白马不是马。"

公孙龙提出的"白马非马"的命题是违反人的常识的，他的目的只是标新立异、耸人听闻而已。其实，所谓"白马非马"，是个别与一般的关系问题。白马，代表个别；马，代表一般。个别是一般的一部分，而一般就包含着个别。因此，白马是马中的一部分，而马就包含着白马。公孙龙把个别与一般割裂开来，对立起来，就形成了诡辩。

公孙龙还宣传所谓"离坚白"。他论证说："一块石头在看的时候，只得到它的白色，而不知道它的坚硬；在摸的时候，只感到它的坚硬，而不知道它是白色。因此，坚和白是分离的。"这也违反人们的常识，实际上，坚硬和白色都共同存在于石头之中，它们不因你的看和摸而分离。

二十一个诡辩命题

在战国有许多名辩思想家，如惠施、尹文、韩（桓）团等，都在争论一些奇怪的命题，另有许多思想家称那些命题为"诡辩"。《庄子·天下》记录了

二十五弦瑟

战国乐器。瑟通体髹彩绘，色泽艳丽。先施黑漆，后髹朱漆并施彩绘。其装饰是彩雕和彩绘相结合，瑟尾彩雕，有浮雕饕餮纹以及龙纹、蛇纹、鳞纹、花瓣纹。面板中部周边绘菱纹、几何纹、云纹、变形龙纹，首岳内侧并排绘有六只振翅飞翔的凤鸟，内、外侧板上绘有两排十二只凤鸟，并分层、分块饰有其他图纹。

二十一个诡辩的命题：1．卵有毛；2．郢有天下；3．犬可以为羊；4．马有卵；5．丁子有尾；6．山出口；7．龟长于蛇；8．白狗黑；9．鸡三足；10．火不热；11．轮不辗地；12．目不见；13．指不至，物不绝；14．矩不方，规不可以为圆；15．凿不围枘；16．飞鸟之影未尝动也；17．镞矢之疾而有不行不止时也；18．狗非犬；19．黄马骊牛三；20．孤驹未尝有母；21．一尺之棰，日取其半，万世不竭。前八个命题属于"合同异"的辩术，后十三个命题属于"离坚白"的辩术，有些也见于《公孙龙子》。为什么鸡有三足呢？公孙龙辨别说："'鸡足'为一，而实际数得二，抽象的名加上实际的数，故可以为三。" 〉王廷洽

〉历史文化百科〈

〔中国逻辑学的开创学派——名家〕

名家也称辩者、察士或刑（形）名家。代表人物为惠施与公孙龙。名家又分为两大分派，一派是以惠施为首的合同异派，该派认为事物不论性质上的同异，都可在大同的基础上，不计小异而混合于一。另一派是以公孙龙为代表的离坚白派。该派以为事物的概念可以脱离事物本身而独立。名家的学术活动，极大地促进了我国逻辑学的发展。

〇三九

赤县神州

邹衍以他善辩的口才，把历代的兴亡说成是五行的相生和相克，把天下说成九大州，每州中又有九州，而中国只是八十一州中的一州。

邹衍（约前305年—前240年）是齐国人，邹亦作驺，曾游学于齐国的稷下学宫。他首先验证小物，继而推论一些大命题，以至于得出一些无际无涯的结论，最突出的学说有"大九州说"和"五德终始说"，成为战国阴阳家的代表人物。

为整齐世俗立说

战国是一个激烈竞争的动荡时代，不仅发生大臣弑君、儿子弑父的现象，而且出现了大臣篡位、分土裂国的事件。君臣骄奢淫逸，庶民百姓亦竞相奢靡。儒家提倡的德治仁政已无人响应，追求名利地位已经成为时代的风尚。

邹衍先在学术氛围自由的稷下学宫讲学，了解到统治者虽然不崇尚道德，但儒家仍然是当时最具影响力的学派。聪明睿智的邹衍一直在思考怎

先秦金器中最大最重者——云纹金盏和漏勺
这是我国目前所见最大最重的先秦金器，出土于战国初期曾侯乙墓，反映了墓主人的特殊身份。该盏直口，方唇，浅腹，平底。三个凤首形矮足恰到好处地支撑了整个器皿。盖面及盏口下饰云纹、勾连雷纹、蟠螭纹等。盏内放置金漏匕一件，方柄圆身，器身有镂空变形龙纹。

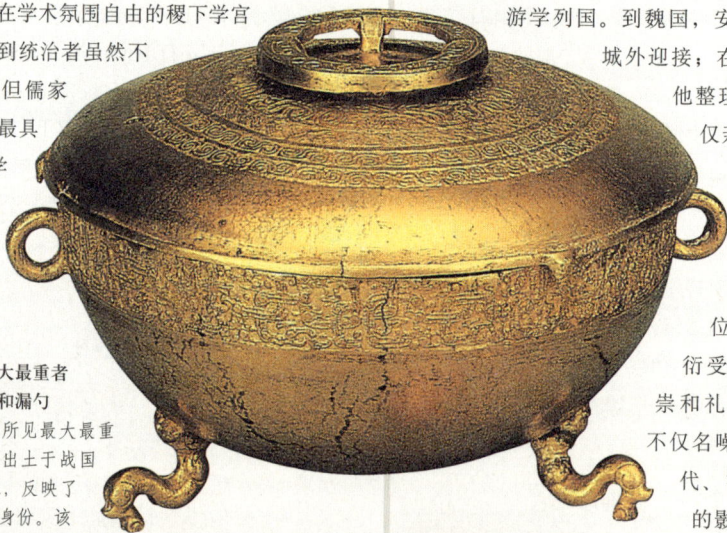

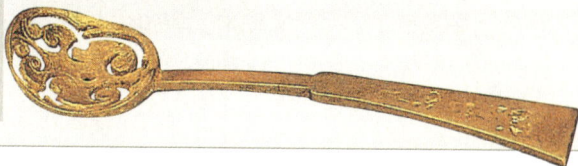

样创建"机祥度制"，一种带有神秘色彩的学说体系，像儒家的《诗》、《书》、《礼》、《乐》一样，能使那些权贵们注重道德修养，继而影响到庶民百姓。他潜心研究，深入观察了阴阳变化、天地怪异的发生和消失，同历史上的成败兴替相配，著成了《终始》和《大圣》两书，于是勇敢地登上讲坛，以他极其善辩的口才演说"五德终始"和"大九州"的学说。年轻的学子很快被他怪异宏大的言论和思想吸引住了，会聚到他的讲坛下听讲的人越来越多，影响越来越大。学者们给邹衍一个"谈天衍"的雅号。

邹衍首先在齐国得到了应有的尊崇，继而他游学列国。到魏国，安僖王亲自到大梁城外迎接；在赵国，平原君为他整理坐席；燕昭王不仅亲自拿着扫帚清道前行，还特地建造学宫，安排邹衍演说，自己坐在弟子的座位上听讲受业。邹衍受到不少国家的尊崇和礼遇。阴阳家学说不仅名噪一时，而且对秦代、汉代仍有其巨大的影响。

公元前345年

世界大事记　亚里士多德于小亚阿苏斯城创办柏拉图学园。

合氏春秋·有始览
《史记·孟子荀卿列传》

博学　善思
赤县神州
邹衍

人物　典故　关键词　故事来源

五德终始说

邹衍的著作虽然已经佚失，但《史记》简要地记载了他的"五德终始说"和"大九州说"。所谓"五德"，就是土、木、金、火、水五行。这五行本来是大自然的五种物质，经过邹衍把它们同五行相生相胜的学说相配后，就成了能够支配人事、历史盛衰的自然势力，比如木胜土、金胜木、火胜金、水胜火、土胜水。邹衍用五德同历史相配，说黄帝和尧舜时代得到土德势力，故兴盛；大禹得到木德，故胜土而夏代兴盛；商汤金德，故胜木而殷商兴盛；周为火德，故胜金而周代兴盛。一般学者都了解从黄帝到周代的历史，故能接受邹衍这一套说法。邹衍为进一步证明"五德终始说"的合理性，就从黄帝推论到天地未生、窈窈冥冥的最原始的历史。那些历史虽然不可考据，但反映了邹衍渊博的知识。同"五德"相配的还有颜色、数字等。他的学说使人们眼花缭乱，信以为真，尤其使那些骄奢淫逸的国王受到震慑，而不得不有所约束。

大九州说

邹衍在作"五德终始说"后，有的学子就问，天学既然如此，那么地

战国立人形座铜灯
铜灯整体作一立于方形座的人攀灯状。立人头梳高髻，两眼圆睁，表情沉稳，一副温顺的中年女仆形象。灯盘为浅腹圆盘形，盘心有尖状烛扦。此灯于1986年湖北荆门包山二号墓出土。

115

瑰丽又富神秘感的战国楚地漆耳杯

学又当如何？他接着就演讲了早已充分准备的"大九州说"。

邹衍先罗列了中国九州的名山大川、水土的不同、物产的差别、禽兽的异类等可以获得验证的事物。接着他推论说：既然中国的九州各不相同，那么中国以外还有小九州，都为小海所环绕，各不相通，故小九州又各不相同；小九州外又有大九州，为大海所环绕，各不相通，大九州也各不相同。天下共分八十一州，中国只是八十一州中的一个州，名为"赤县神州"。这就是"大九州说"。虽然战国时代没有环球航运和航天技术，无法证实"大九州说"的科学性，但邹衍应用了类比推理的科学方法，使人们开阔了眼界，知道世界还大得很。

由于邹衍把中国命名作赤县神州，赤县、神州后来也就成了中国的代名词。 〉王廷洽

瑰丽又富神秘感的战国楚地漆耳杯（左页图）
漆器是一种古老的工艺品。曾侯乙墓出土的漆制酒具，木胎漆耳，杯器外髹黑漆，器内髹朱漆，边缘及耳绘黑色云纹，色彩瑰丽又富神秘感。

明刻本《战国策·魏策》记录酒文化
大禹饮仪狄所酿美酒后预言"后世必有以酒亡其国者"，因而"疏仪狄，绝旨酒"。战国时期，酒文化更是十分兴盛，有识之士已深刻意识到其危害。

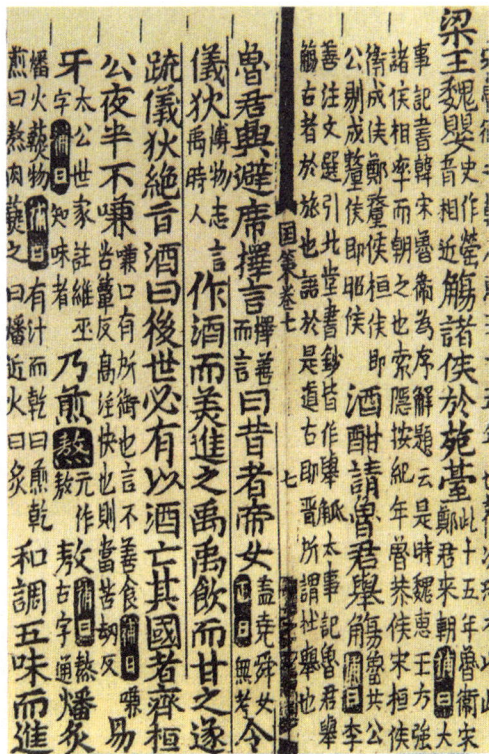

黄玉龙凤纹佩
龙凤合体图案一般形式为身躯两端分别雕出龙、凤之首。这是安徽长丰出土的战国龙凤合体纹玉佩。

〉历史文化百科 〈

〔先秦古地理学说——大九州〕

大九州是战国时期齐人邹衍提出的一种地理学说。邹衍认为天下共有九大州，每大州又各分为九小州，中国即为九州中的"赤县神州"。这赤县神州又分为九州，即大禹设定的冀、兖、青、徐、扬、荆、豫、幽、雍九州。这样，全天下共有九九八十一州，中国是八十一分天下居其一。邹衍认为，州与州之间有"裨海"相隔。九大州外面有比裨海更大的"大瀛海"环抱，直与天接，这大瀛海所环者，即为大九州。

○四○

息壤之盟

秦武王有意兼并成周，奉命出征的左丞相甘茂为坚定武王决心，保障自己的后路，不顾礼制，同武王订立了盟誓，终于取得最后胜利。

秦武王扩张心切

秦武王初即位便雄心勃勃，想要"车通三川，以窥周室"。所谓"三川"，是指韩国的宜阳（今河南宜阳西）。秦武王欲占领宜阳这个韩国的大城市，并进而吞并周室。为了实施这个计划，他找来左丞相甘茂，商量策划。甘茂说："请让臣先到魏国，约

铭刻诗歌的石鼓及文字拓片（上图及右页图）
隋唐之际，在天兴（今陕西凤翔县）发现了十个石碣，其形如鼓，故名之"石鼓"。每个鼓上都刻着一首六七十字的四言诗，内容为歌咏秦国国君游猎的情形。所刻字体为秦国的大篆，艺术性极高。大诗人杜甫、韦应物、韩愈等纷纷作诗歌咏之。石鼓现藏北京首都博物馆内。因年代久远，石鼓上的字很多已经斑驳不清，能辨认的只有三百多字。图为石鼓及石鼓上的文字拓片。

魏一起伐韩，这样把握就更大些。"秦武王同意了甘茂的计策，并派大臣向寿作为辅佐，一同赴魏。

为防不测而立盟誓

甘茂来到魏国，魏襄王一口答应联合攻韩。甘

茂便让向寿先行回国，带了封信给秦武王说："魏王虽已同意一起攻伐韩国，但臣仍劝大王放弃这一计划。"武王看了信，如同丈二和尚摸不着头脑，想来想去想不透甘茂葫芦里卖的什么药？干脆带着随从径出咸阳去迎甘茂，走到息壤，君臣相遇。武王开口便问："怎么回事？"甘茂回答说："宜阳是韩国的重镇，城池坚固，兵精粮足，从秦国出发进攻宜阳，其间道路险恶，补给困难，秦军出动，必会遇到不少艰难，万一中间发生什么变故，率军之将的后果将不堪设想！"秦武王听懂了一半，还有一半却不懂，便问："有你主持，有寡人全力支持，还能有什么变故呢？"甘茂知道右丞相樗里疾等人与自己感情不和，生怕他们借此机会造谣中伤，便对武王讲述了"曾参杀人"的故事。曾参是孔子的弟子，也是个出名的孝子。一天，曾参的母亲正在织布，有人跑来告诉她曾参在外杀了人，母亲深信自己的儿子不会做这种事，不信；第二个人又来告诉她，她仍然不信；第三个人再来，她不由不信了，连忙弃梭越墙而逃。甘茂最后说："以曾参之贤，以母亲之近，尚挡不住流言蜚语的中伤，万一臣久攻宜阳不下，朝中非议四起，如大王也像曾母一样投梭而起，臣如何是好？"武王听了哈哈大笑，说："为了防止出现这种情况，寡人与你歃血为盟，你总可以放心了吧？"君臣二人当即杀了一头牛，书写了盟誓，在息壤举行了隆重的仪式，这意味着两人的誓言已有天地鬼神的监督，可以彼此放心了。

《史记·樗里子甘茂列传》
《资治通鉴·周赧王七年》

盟誓　识才　坚强

甘茂　息壤之盟
秦武王

人物　典故　关键词　故事来源

甘茂取得最后胜利

甘茂率领五万秦军，迅速出击，将宜阳团团围住。但宜阳城高壁厚，韩军斗志高昂，整整攻了五个月攻不下来，秦军死伤甚众，朝野间开始出现了反对的声浪。反对出兵的樗里疾就势煽风点火，制造各种不利的谣言。消息传到秦武王耳朵里，武王大惊，欲令甘茂班师。甘茂派人对武王说："息壤在彼。"武王答："在此盟誓。"他心下明白过来，喃喃自语说："甘茂有眼光啊，是寡人意志不坚！"于是下

令再发兵五万，增援甘茂。宜阳秦军得到增援，甘茂并以私下的金钱来奖赏士卒，因而士气大振。韩军终于抵挡不住了，公元前307年，宜阳被秦军攻克，据说城头上、城脚下、闾巷间，被斩首的韩军整整有六万之众。

甘茂预先知道攻宜阳之难，而与秦王立下盟誓，以致最后取得成功，可见甘茂机智而有远见。

▷历史文化百科◁

〔别具一格的先秦书法奇葩——石鼓文〕

石鼓文是先秦时期的石刻，唐朝初年出土于今陕西凤翔三畤原。学术界对石刻的具体年代从春秋早期到战国说法不一，比较确定的是秦国的刻石。石鼓文共有十首四言诗，分别刻在十块鼓形石块上，每石高二尺、宽一尺，因年代久远，原文多已残泐，现仅存321字，有一石鼓上已字迹全无。从现在人们保存较好的三种宋代拓本彼此参补，共得501字。由于其独特的书法与诗歌艺术，在我国传统艺苑中成为珍品。

○四一

武王举鼎

秦武王膂力过人，好勇逞能，与大力士比试挺举"九州神鼎"，后力不继，伤重而死。

日思夜想神龙鼎

宜阳攻克，秦国东进之门打开了，秦武王喜不自胜。他让甘茂回兵休息，转派樗里疾前往三川开路，他自己则带着一班文武大臣逶迤而来，直抵成周，即洛阳，要亲眼看一看多少年来日思夜想的神州九鼎。

周赧王听说秦武王突然来到成周，不知他来的目的何在，不禁有些惊慌。名义上他虽然是天子，秦王只不过是他治下的一名地方诸侯，但时迁势移，可怜的天子已经没有了昔日的尊严。慑于秦王的威力，周赧王急忙派了几名使者，去郊外列队迎接秦武王。

战国鸟柄青铜灯

此灯1992年出土于山东省临淄商王村一号战国墓中。灯的下部为一喇叭形圈足，中腰为一呈倒葫芦形的粗柱。上端灯盘为浅腹圆形，敞口，壁内弧，平底略下凸，盘内有一锥形烛杆。在灯盘一侧底部伸出有一圆形柄，柄的上端铸有一只小鸟，小鸟全身饰有纤细的羽毛，低首引颈，口衔盘沿，鸟足用铜销固定在圆柄上，组成灯柄。小鸟两翅并拢，扇形尾上翘，正适于用手把持。

其实秦武王这次亲自来到天子之都，并没有什么特别的目的，仅仅是想看看天子所在的城邑宫苑，特别是那九座神州宝鼎。他早就听说这九座宝鼎是大禹治水后收取全国贡金，依中国九州区属冶铸而成的，鼎上各载本州山水人物、田地贡赋，鼎足鼎耳上都饰以龙纹，所以又称为"九龙神鼎"，这可是华夏先人的镇国之宝啊！这九座宝鼎历经夏朝、商朝再传到周朝，到战国秦武王时，已有近两千年的历史，武王早就对九鼎心驰神往了。于是，武王一再向天子使臣们躬身施礼，说明无其他大事，不便去见天子，直接请使臣带他去太庙侧殿，瞻仰心仪已久的镇国宝鼎。

千斤宝鼎难撼动

一行人踏上偏殿，只见基座上九座宝鼎一字排开，古朴凝重、神光辉映，秦武王瞪大双眼，仔细观看，但见九座宝鼎的中腹都刻有各自的州名，依次为荆州、梁州、雍州、豫州、徐州、扬州、青州、兖(yǎn)州、冀州。看了一遍又转到雍州鼎前，武王指着它回头对身后的随员说："雍州就是咱们秦国吧？那座宝鼎就是咱们的了？"说到这里，他不由兴奋起来，大声嚷着说："那咱们把它搬回去吧？"正巧看管宝鼎的周朝官吏就在旁边，秦武王问道："这鼎有多少分量？"官吏答："每座都有一二千斤重呢，搬是搬不动的！"官吏的意

公元前340年

世界大事记

雅典在伯罗奔尼撒建立反马其顿同盟。同年出兵拜占庭，往解马其顿军之围，"拉丁同盟战争"开始。

《资治通鉴·周报王七年》
《史记·秦本纪》

秦武王

举鼎绝膑

骄傲 盲动

人物 典故 关键词 故事来源

思是想吓阻武王别动这个脑筋，想不到一句话反而激起了秦武王的好胜心，他眼睛闪闪发光，对一直随侍在身后的两名秦国大力士说："一二千斤，你们谁能举得起？"其中一位名叫任鄙的大力士，知道此刻喜欢炫耀膂力的武王来了兴致，害怕惹出乱子来，急忙摇着手说："举不起，举不起！"然而另一位名叫孟说的大力士却是个莽夫，一听武王发问，唯恐在武王眼中掉了身价，连忙勒腹揎袖地说："我来试试！"

争胜好强丢了命

孟说让人取来一根结实的麻绳，拴住宝鼎两耳，双臂套入绳圈中，曲腿挺腰，运气贯臂，猛喝一声，"起！"可那鼎实在是太重了，他勉勉强强抬起半尺左右就再也举不起来了。孟说由于屏气过度，目眦皆裂，鲜血流了一脸，只得放下。争强好胜的秦武王挥手让孟说退下，自己走上前来，如法套住双臂，运气发力，暴喝声中，宝鼎也被举起半尺左右，武王为了胜过孟说一等，勉力举着鼎迈出一步，不料刚一挪步，重心不稳，前足还未踏实，宝鼎已坠落下来。只听"咔嚓"一声，武王的右足胫骨被压得粉碎。随着一声惨叫，武王顿时扑倒地下，昏死了过去。后来虽然醒了过来，但是受了极重的内伤，当天晚上，呕血数斗后死于馆驿。

孟说因为与秦武王一起举鼎，导致武王死亡，因而罪行重大，不仅自己被斩，且遭到"灭族"的厄运。

秦武王举鼎

秦武王喜欢与勇士角力为戏。一日秦武王带上任鄙等大力士来到洛阳，在周王室太庙看到九州神鼎，问守鼎吏可有人举起过，守鼎吏说鼎有千钧之重，谁人能举？武王问任鄙等人能否举鼎，众人知武王好胜，都说不能。武王便尽平生膂力，屏气举鼎，不觉力尽失手，鼎坠地上，砸断大腿。终因伤势过重，武王不治而死。此图为清末民初的石印本《东周列国志》插图。

信陵君请罪

信陵君久攻韩国管邑不下，得知守将之父为属国臣民缩高，于是派兵上门威胁。缩高不愿乡亲受累，又不愿儿子背主卖城，力争不果后自杀明志。

信陵君，是魏昭王的小儿子，魏安釐王的弟弟，他的名字叫无忌。当魏昭王去世，安釐王即位之时，就给他的小弟无忌一块封地，号为信陵君。由于信陵君是王室的公子，魏王的弟弟，因而经常趾高气扬，盛气凌人。

逼迫缩高就范

有一次，信陵君统率魏军攻打韩国的管邑（今河南郑州），攻了很久攻不下来，而打听到管邑守将是安陵人缩高的儿子。安陵是魏国的一个封君小国，于是信陵君就派使者去对安陵君说："请阁下派缩高去管邑，我将任命缩高为五大夫，让他当持节尉。"安陵君听了感到十分惊讶，回答使者说："安陵是一个小国，按礼制，不能随便支配百姓，请使者自己去找缩高，直接向他宣布信陵君的任命吧！"

使者跟着安陵君的手下来到缩高家，复述了一遍信陵君的命令，缩高想了一下回答说："信陵君所以派您来找我，是想让我去攻打管邑。让父亲去攻打儿子，岂不是贻笑大方的事？仗着父亲的身份逼迫儿子放弃管邑，更无异于教儿子背叛韩王；让为父的教儿子做不忠不义之事，恐怕您也是不会赞同的吧？"缩高顿了一顿，坚决地说："请恕我不能受命！"

粗暴威胁安陵君

使者回去向信陵君如实汇报，信陵君大怒，要使者再去安陵对安陵君说："安陵的土地如同魏国的土地，我攻不下管邑，秦国军队就会从这里出击魏国，那时，就有亡国的危险。望阁下立即生擒缩高押送前来，如果拒绝合作，我将亲率十万大军，踏平安陵城！"安陵君见信陵君用如此粗暴的话威胁自己，十分生气，抗议说："我先君成侯，接受魏襄王诏书镇守安陵，手受大府的命令，那法令的上篇写明白：'子杀父，臣弑君，为永不赦免之罪。'同时写明：'国家大赦，凡以城投降之臣与弃城逃亡之臣，都不在特赦之列。'现在缩高拒绝信陵君委任的大位，目的正是遵守魏襄王的法令，维持父子伦常纲纪。对这样有德有行之士，阁下竟然要我生擒押解，无疑命我背叛襄王的诏书而废弃大府的法令，践踏先王接受诏命时的承诺，即使把我杀了，我也不

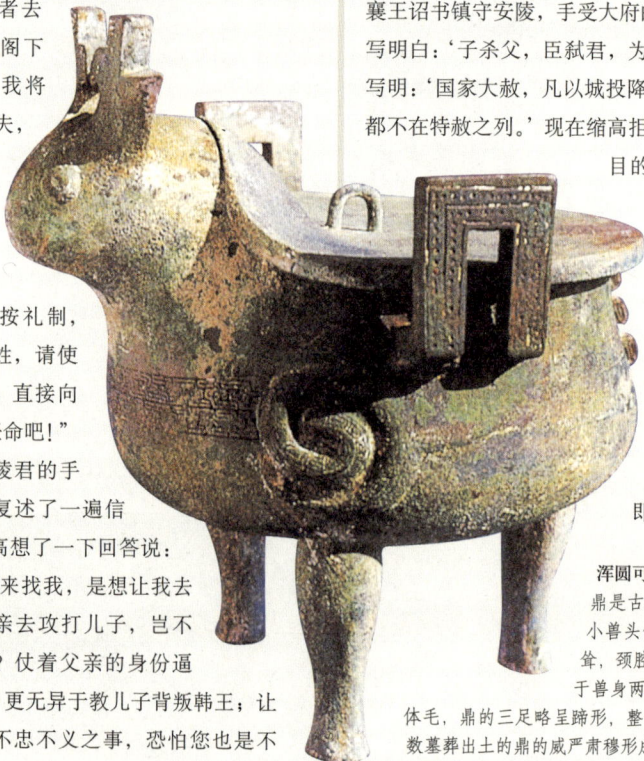

浑圆可爱的动物形鼎——牺首鼎

鼎是古代的一种肉食器。此鼎一小兽头伸出，二目圆睁，双角高耸，颈腔与鼎的圆腹相连，鼎耳位于鼎身两侧，鼎身有纹饰象征兽的体毛，鼎的三足略呈蹄形，整体感觉浑圆可爱，与大多数墓葬出土的鼎的威严肃穆形成鲜明对照。

敢做这种事！"说罢转过身去，不再理睬使者。

消息传到缩高那里，缩高沉思良久，仰起脸来说："信陵君为人，刚愎自用。安陵君这番话如传到他那里，必定酿成亡国大祸。我虽保持了父子私谊，却有负于君臣之义，又怎么可以使我君遭受魏国凌辱呢？"于是，来到特使下榻的宾馆，当着特使的面横剑自杀了。

义举的震撼和心灵的愧疚

信陵君听说缩高死了，心中不由顿感惭愧，想想自己以强凌弱，以上压下，以至逼死忠义之士，这与君子之风岂不南辕而北辙？于是马上穿上丧服，避居正舍，表示哀悼，又派使者去向安陵君谢罪，说："我魏无忌（信陵君的名字）实是小人啊！思考不周，愧对君子，粗暴地冒犯了您，请允许我向您表示深深的歉意，并请原谅我的罪行！"

信陵君能主动请罪，说明他内心深处仍然有个君子情结。这次逼死缩高，粗暴威胁安陵君，对他这个公子来说，是一个深刻的教训。

鹿角立鹤

湖北随州战国早期曾侯乙墓出土的鹿角立鹤，通高142厘米，鹤身高109厘米，作展翅状，翅宽53厘米，头两侧插鹿角，鹿角及鹤颈上，饰错金云纹，造型纤细新颖。有人认为鹿角立鹤是鸟躯鹿角的风神飞廉的变体，司掌风雨。晋人郭璞注释飞廉云："飞廉，龙雀也，鸟身鹿头。"

> **历史文化百科**

〔古人之"衣"〕

古时上身叫衣，下身叫裳。短上衣叫"襦"，一种齐腰，一种至膝盖，一般人平时穿。长上衣叫"深衣"，下垂至足踝。单衣叫禅，夹衣叫袷或複，可以加絮。贴身内衣叫亵衣，或叫衷、私。御寒之衣叫袭、袍、襺。战国以后胡服流行，短衣长裤，与今日同。贵族衣料，夏天为锦、绢、缟、细麻布，冬天为狐裘绵袍。一般劳动人民只能是葛、粗麻和乱毛等织物，时称"褐"。衣服多为交领，系一根大腰带，随身物件系挂于腰带上，料子贵贱不等。

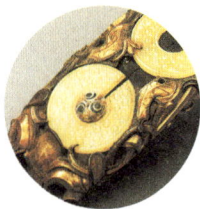

〇四三

向胡人学习

赵武灵王力排众议，向周边的胡人学习服饰和骑术，极大地提高了赵军的机动性与战斗力，于是所向披靡。

形势逼人变则胜

赵武灵王是位有作为的君王。他即位初年，由于国家兵力薄弱，常遭别国的欺凌。加之赵国地处北方，疆域弯曲分散，故造成四面受敌之势。正如赵武灵王自己所说："今中山在我腹心，北有燕，东有胡，西有林胡、楼烦、秦、韩之边，而无强兵之救。"形势十分危急。赵武灵王元年（前325年），齐国攻打赵国，占领平邑，俘虏赵将韩举；九年（前317年），韩、魏、赵联合攻秦，又被打败，光赵军就被秦军"斩首八万级"；次年，秦军更攻占了赵国的中都与西阳（今山西中西部）；至十三年（前313年），秦军再度攻陷赵国的蔺城，把将军赵庄活捉而去。面

赵国货币·宋子三孔布
山西省出土战国时期赵国货币。三孔布为圆足，布首和二足上各铸一圆孔。面上有"宋子"二字，系铸币地名，背文"十二朱（铢）"，为该币的重量。三孔布出土数量不多，宋子布更少见，故为钱币专家所珍视。

对日趋激烈的战争和严峻的生存压力，如何提高本国军队的战斗力一直萦绕在赵武灵王的心中。到十九年（前307年），他才终于有了明确的思路，那就是：向胡人学习。

当时中原诸国，仍沿袭着上古三代传下来的车战战法，一名军官乘坐在战车上，左边长枪手，右边弓箭手，前面是御车夫。车后跟着数十名步兵。交战时，车与车战，人与人战。这种战法车乘进退既不灵活，个人又缺乏作战的主动性。反观胡人的骑兵疾如骤雨，快如飘风，或左或右，忽前忽后，令人难以抵挡，其战斗力明显大大高于传统的车战。因此，赵武灵王决定抛弃落后的传统车战战法，学习胡人的骑兵战术。

改革从服装开始

公元前307年某天，决心已下的赵武灵王先将心腹老臣楼缓找来商议。听说赵武灵王想实行改革，楼缓自然赞成，问他如何进行改革，赵武灵王却首先提出了一个令楼缓意想不到的意见。他说："寡人想先从改革全国服装入手，让全国人民全部改穿胡人服装。"楼缓一听，顿时如坠五里雾中：学习胡人服装有何意义呢？武

> 历史文化百科 <

〔古人所穿之裤〕
古人称下衣为"裳"，也称绔、袴。裳的别字为常，类同今天的裙子。绔又作袴，即今天的裤子，但它只有两个裤筒而没有裆。中间加个裆后，绔就变成了袴。下衣还有叫"蔽膝"、"邪幅"的，前者自腰及膝稍下，后者自足至膝，类似今天的绑腿。

> 历史文化百科 <

〔源远流长的战国陶井〕
1987年，在湖北远安县洋坪镇南襄城发现一口战国时期的陶井。陶井保存完整，共深7米。井圈为圆筒形，直径1米，高0.95米，筒壁厚0.09米，为青灰色绳纹陶圈垛砌而成，共10圈，现存8圈。8圈以上用卵石垒砌，再上用圆形石井圈套盖。

马其顿国王腓力二世于喀罗尼亚战役击败希腊诸邦联军，征服全希腊。底比斯恢复寡头政治。雅典亲马其顿派与腓力二世达成和议。

世界大事记

公元前338年

《资治通鉴·周显王四十三年》
《资治通鉴·周报王八年》
《史记·赵世家》

赵武灵王　胡服骑射　革新　果断

人物　典故　关键词　故事来源

战国银制艺术品：珍稀胡人像

战国时代银制品，高8.9厘米。作品表现的是个身躯矮胖的胡人，戴头巾，着筒袖、窄裤。虽呈静态，但显勃勃生气。河南省洛阳市金村出土。

灵王见他疑惑不解，解释说："你看胡人穿着，紧袖短裤，腰束皮带，脚蹬皮靴，走路做事，风火泼辣。穿上这种服装，就可引进胡人作战的骑兵军种。传统的车兵一旦改成剽悍、威猛的骑兵，战士可在飞奔的马上射箭、挥刀，这样一来，我国军队的作战能力岂不即可大大提高？"原来如此，学习胡人服装是为了学习胡人的骑兵战术！楼缓一边听一边点头，连连说好。于是君臣二人细商了实行的步骤。

胡服骑射显威力

胡服骑射的诏令颁布后，朝野哗然，引来很多人的反对，他们认为：冠冕服装，是华夏礼仪之邦区分于未开化蛮夷的标志，是炎黄先人传下来的文明，怎可轻易改变呢？武灵王召来老臣肥义商议。肥义说："大王既认定胡服骑射有利于国家，就应坚决实行。古人云'疑事无功，疑行无名'，就是这个意思。华夏民族几千年来，正是依靠不断地向周边民族地区的先进事物学习，才达到今天的文明境界：昔日帝舜向有苗学舞蹈，大禹入裸国而袒臂，正是先祖在这方面给我们的启示，大王不必疑惧。"肥义的话给了武灵王极大鼓舞，两人便分头去做反对者的工作。接着，又让朝中核心大臣们带头示范，由武灵王领头，君臣一行身穿胡服列班上朝，又公开到大街上去行走宣传。

在赵武灵王亲自大力倡导下，赵国上下出现了穿胡服、练骑兵的热潮。一年后，大规模的骑兵军阵已训练完成，赵武灵王亲统大军南征北战。到公元前300年左右，中山、林胡、楼烦被一一收服。仅数年时间，赵国的疆域北边扩大到燕、代、雁门；西边直抵云中、九原。由于胡服骑射的改革，赵国由弱变强，使四方邻国刮目相看。

125

○四四

相国与宠妃

中山相司马喜为了使中山王的宠妃阴姬当上王后，想出了一条奇计妙策。然而就在阴姬成为王后时，也给中山国带来了危机。

对付宠妃出奇策

中山国的大臣司马喜，依靠着巧舌如簧的马屁功夫和处世圆滑的应酬本领，曾经三次登上相国的宝座，一路亨通，左右逢源。不过，这一阵子他却一直皱着眉头，原因是中山王的宠妃阴姬有些和他过不去，常在中山王耳边说他的坏话。

司马喜的心事被他的心腹田简瞧出来了，问明原委后，田简对他说："阴姬正与江姬争夺王后之位，相国不妨想个两全之策，要么将她从中山国撵走，要么助她夺得后位，让她知道是您在其中出了大力。这样，相国就可高枕无忧了！"司马喜听了，眉头为之一展，瞧瞧田简一副胸有成竹的样子，就向他求计。田简说："相国与赵武灵王不是关系很好吗？听说赵武灵王好色，相国何不从这里下点功夫呢？"司马喜一听已经知道如何行事，不禁抚掌大笑，站起来吩咐下人备酒，要与田简痛饮三杯。

几天后，司马喜来找阴姬的父亲，对他说："后宫争夺，你死我活，阴姬如能得到王后之位，立马就有母仪全国的地位；反之，以后就有性命之虞啊！"老实巴交的阴父听了，吓白了脸。司马喜见状，又不紧不慢地说："阴姬如想成功，为何不来找我呢？"阴父一听有了救星，连忙跪下叩头说："如能得到相国的帮助，我们父女一定会重重报答你的恩德！"司马喜拉起阴父，口中连说："不敢当，不敢当。"然后高高兴兴地走了。为向阴姬邀功讨好的铺垫打好后，第二天上朝，司马喜就对中山王说："赵国对我中山国虎视眈眈已非一日，亡我之心不死。臣听说赵武灵王近日将有不利于我的行动，臣想找个借口去赵国考察一下，弄清情况，以便早

错金双翼铜神兽

灵寿城与中山国王陵遗址在现在的河北省平山县，出土的遗物十分丰富而珍贵。这件铜神兽以蜥蜴为原形加以变形，头部像龙，做回首状，前肢处各附一翼，身体肥壮并有错金纹饰，整体造型十分生动。

公元前337年

世界大事记

马其顿王腓力二世召开科林斯会议，成立科林斯同盟，确认马其顿在希腊的领导地位，并准备出征波斯。

司马喜　赵武灵王

奸佞　昏庸

《战国策·中山策》

人物　关键词　故事来源

作准备。"中山王一听事关
重大，就说："那你就当寡人的使节，去赵国打探
一下吧。"

赵武灵王果然心动

　　司马喜来到赵国，对赵武灵王说："臣听闻，赵
国以美人、音乐著称，但我一路行来，直到邯郸，竟
没有看到一个特别漂亮的女子。臣走过的地方不少，
各国的著名城邑也几乎都曾去过，但从未见过像中山
王的阴姬那样漂亮的美女。这位阴姬实在堪称绝世佳
人，她的眉毛、眼睛、鼻子、面颊、额角，无处不夺
人心魄！她的秀雅、端庄、艳丽、高贵，完全是帝后
的风采，决不应只是一个诸侯的姬妾！"赵武灵王听
得瞠目结舌，司马喜绘声绘色的描述，实在太令人心
动了，他情不自禁地对司马喜说："寡人想把这个美人
要来，你看如何？"司马喜见赵武灵王果然上钩，连

中山国鲜虞族人服饰
下图以玉片雕刻而成的玉人，表现战国妇女与儿童形象。
女性头梳牛角形发髻，儿童梳单髻。身着右衽大方格窄袖
长袍，腰束带，袖手而立。

战国错金银虎噬鹿铜器座
灵寿城与中山国王陵出土的虎噬鹿铜器座，刻画一老虎正
跪伏吞食鹿的情景。

> ▷历史文化百科◁

〔春秋战国的煮盐业〕

　　春秋时期，齐国的海盐煮造业与晋国河东池盐
煮造业已相当兴盛。当时河东的盐池称作鹾，被人
们视作"国之宝"。进入战国时期，煮盐业规模进一
步扩大，除齐国外，燕国也成为著名产盐区，所谓
"齐有渠展之盐，燕有辽东之煮"。魏国的河东池盐
煮造业也更加发达，行销范围进一步扩大。秦并巴
蜀后，蜀郡守李冰开始开发广都（今四川双流东南
籍田镇一带）的井盐。

时髦的工艺装饰品：金银带钩

带钩最早源于身着胡服的鲜卑人，先用于军服，后被用于王公贵族的服饰。这只战国魏地的带钩由白银制造，通体鎏金，钩首铸浮雕式的兽首和长尾鸟，钩身正面嵌饰白玉玦三枚，玉玦中心各镶一粒半球形蜻蜓眼式的琉璃彩珠，钩身前端镶白玉琢成的雁首形钩首，工艺十分精湛。

忙装出一副失言的后悔模样说："哎呀！臣的意思只是说她美貌出众，想不到一说就收不住口了，以至引起大王想把她要过来的念头，这就不是臣敢议论的了。况且，也有伤体面，务请大王不要把我刚才说的话让他人知道。"

大事办成却也埋下祸根

司马喜回到中山，未谈其他的事，光对中山王说："赵王不是个贤王，他不重道德而好声色，不行仁义而尚勇力，臣听说他想派人来要大王的阴姬呢！"中山王一听，立即变了脸色。司马喜接着又说："赵王倚仗强大，一定会这么做的。那时如果大王不把阴姬送给他，中山国就难免有亡国的危险；如果将阴姬送给他，又必定让天下人耻笑。"中山王此时没了主意，连问："那当如何办才好？"司马喜装作深思熟虑了一番，然后说："大王不妨立即将阴姬立为王后，彻底断了赵王的念头。试想，向人要个歌女姬妾无伤大雅，但是，普天之下、祖宗成法，哪有向邻国要王后的道理呢？这种非礼的要求不但提不出来，别人也可堂而皇之地加以拒绝！"中山王一想有理，当天就下令册封阴姬为中山王后，并派人四出张榜告示，大肆张扬。

赵武灵王无法再提要阴姬的事了，但消灭中山国的决心也由此下定。公元前296年，中山国终于被赵国灭亡。

黑陶鸭形尊

这件出土于河北战国中山王墓的黑陶鸭形尊构思十分精巧，尊腹上刻有美丽的花纹，左右两边分别为艺术化了的鸭头和鸭尾，腹下为鸭足。整件陶器胎质细腻，打磨精细，说明当时的制陶工艺已经达到相当高的水平。

造型瑰丽的十五枝连盏灯（右页图）

此灯为河北平山中山王墓出土，高82.9厘米，灯为树形，十五盏灯错落有致地分布于灯树上，干枝同饰有蟠龙和顽猴，底座作轮形，以两只双身兽承负全器。底座采用分铸焊接成形，十五盏灯则分八段铸造，各段之间以不同形状的榫卯连接，表现出了高超的工艺技巧。

〇四五

秦穰侯专权

秦穰侯魏冉在拥立秦昭襄王的过程中立下大功，历任秦相国。他为秦开疆拓土立下汗马功劳，但也利用手中大权，擅自谋利。

拥王有功，威振秦国

在秦国后期的历史上，有位烜赫一时的人物穰侯，他是秦昭王母宣太后的弟弟，名魏冉。公元前307年秦武王因举鼎折断胫骨而死，因为他没有儿子，诸弟就争夺君位。后公子稷登位，即秦昭襄王，或简称秦昭王。这场争夺君位的内乱，持续有三年之久。由于魏冉拥有兵权，又支持昭襄王，因此威振秦国。昭襄王即位后，任魏冉为将军，戍守国都咸阳。当时昭襄王年纪还轻，宣太后亲自主持朝政，让魏冉执掌大权。

任相国，辟疆土

公元前300年，相国樗里子死了，魏冉为相。

魏冉任相国后，便向昭襄王举荐白起代替当时统军的向寿做主帅，带兵攻打韩国和魏国，杀敌二十四万，生俘魏国大将公孙喜。接着派兵攻打楚国，取得楚的宛和叶等地。这时魏冉因病辞去相国职位，让与客卿寿烛。只过了一年，寿烛被免职，魏冉复相位，并封在穰，即今河南邓州市，后来又加封陶邑（今山东定陶西），号为穰侯。穰侯受封后过了几年，昭襄王要他领兵攻魏。魏国献出河东，即今山西西南四百里方圆的地方。魏冉并没有就此罢休，又攻占魏国的河内地区，取得大小六十多座城邑。公元前274年，秦王再次派穰侯进攻魏国，斩敌四万人，使魏将暴鸢战败而逃，取得魏国的三个县。穰侯把它们作为自己的封邑。公元前274年，穰侯会同白起的客卿胡阳再次攻打赵国、韩国和魏国。在华阳城下大败芒卯，斩首十万人，夺取了魏国的卷、蔡阳、长社。

双凤纹漆羽觞

双凤纹漆羽觞是湖北江陵一座战国楚墓中出土的。所饰双凤纹别具匠心，在一个面积不大的椭圆形装饰面上，创造了优雅对称的美丽画面，艺术感染力极深。

> 历史文化百科

〔秦国都城平阳、雍城、栎阳、咸阳〕

春秋时，秦国最早的都城是平阳（今陕西宝鸡杨家湾），秦德公元年（前677年），迁都雍城（今陕西凤翔县城南），秦王政加冕礼即在雍城举行。

秦献公二年（前383年）至秦孝公十三年（前349年），在栎阳（今陕西西安临潼武屯乡）建造新都。

商鞅第二次变法时，秦国迁都咸阳。以后不断扩建，先后一百四十三年，营造起了西起雍城，北抵泾水，方圆二百余里的建筑群。秦始皇又迁全国富豪十二万充实咸阳，咸阳成了当时全国最大的城市。

公元前336年

世界大事记

波斯王阿尔塔薛西斯三世被刺身亡，
大流士三世科多曼努斯继位。

《史记·穰侯列传》 故事来源

权术 专制 关键词

秦穰侯 秦昭襄王 人物

私欲膨胀，迅速垮台

魏冉在为秦攻城掠地的同时，开始专权。他假秦国的武力专注于攻齐，以便扩大他自己的封地陶邑。魏冉经营自家的地盘，扩大自己的势力，这是与秦孝公之后的历代秦王着眼于统一中国的战略目标背道而驰的。他的封地穰是当时秦比较富裕的地方，后又取得当时最富的城市陶邑作为封地，使得他的财富数量更加巨大。等到秦昭王免除他的相位，命令他出关回到陶邑时，关吏检查他的车辆，发现"宝器珍怪，多于王室"。魏冉虽然为秦国东扩立下汗马功劳，但他"擅权于诸侯"，"富于王室"，对秦王政权构成了严重威胁。因而，秦昭王很快就把他逐出朝廷，在他死后，封底陶邑也被秦没收，建置为郡。 〉莫波功

造型优美的红陶鬶（右图）
鬶为煮食炊具，但造型之美远在陶鬲之上，至今仍被艺术史家视为远古造型艺术设计最为成功的作品。

楚国王字铜衡
度量衡制度是稳定国家经济的重要方面，战国时各国都有各自的度量衡标准。安徽寿县出土的楚国铜衡形制相同，体扁长，衡杆背都刻有一"王"字，很可能是楚宫廷的遗物。

○四六

沙丘之乱

赵武灵王继位后进行改革，"胡服骑射"，奖励耕战，国力日强。后来让位给次子，引起宫廷内乱，惨死沙丘。

破传统，生前传位

赵国是经"三家分晋"后建立的诸侯国，赵武灵王继位时屡受匈奴侵扰，经过"胡服骑射"等一系列改革后，国力日强，以兼并胡人小国而称雄于北方。但他逐渐不满足于这些小小的成功，而是把主攻目标移到中原，以图最终完成统一大业。为了能从烦琐的政务中解脱出来，亲自统率军队，全力攻打强秦，赵武灵王打破了历来国君死后始立新君的传统，决定先将王位传子。

赵武灵王将王位让给自己钟爱的幼子赵何，即赵惠文王，并让有丰富政治经验的老臣肥义为相国，辅佐新君，而自号为"主父"。

随后，赵武灵王亲自率兵攻打中山国和北方的楼烦、林胡等部族。经过几年的攻战，终于在公元前296年灭掉了中山国，同时又收编楼烦、林胡的军队，使其臣服。于是赵国获得了北方的大片领土，并在这里设置了云中、雁门、代郡等三郡。

安排不当，导致内乱

正当"赵主父"雄心勃勃之时，赵国内部发生了政变。这场动乱主要是由于赵武灵王安排不当所引起的。他将王位传给幼子何，却没有去做长子章的思想工作，使他心悦诚服。而在传位后的第三年，即公元前296年，于灭中山后进行庆赏之际，当时自号"主父"的赵武灵王又封长子章于代地安阳，号"安阳君"；并命田不礼为章之相。一向性格孤傲、不服其弟为王的公子章，得此封地和封号，便可以聚众扩张势力，埋下了兄弟争位的隐患。

次年，乘群臣会朝、主父及惠文王游沙丘宫之机，公子章与田不礼率其徒党作乱。他们先杀相国肥义，接着便与王军作战。其时，公子成与李兑起四邑之兵前来靖难，击退公子章。公子章兵败后逃到主父在沙丘的宫中，主父收容了他。公子成、李兑围攻主父所居的沙丘宫，最终得手，杀死公子章。但毕竟是杀了主父的亲生儿子，害怕主父秋后算账，公子成、李兑迫不得已，将主父围困在宫中。结果，主父欲出不得，又没有粮食，只能抓小麻雀充饥，三个月后饿死在沙丘宫。赵武灵王由于安排不当，造成骨肉相残，自己也受辱身死，这个教训是极其深刻的。 崔海莉

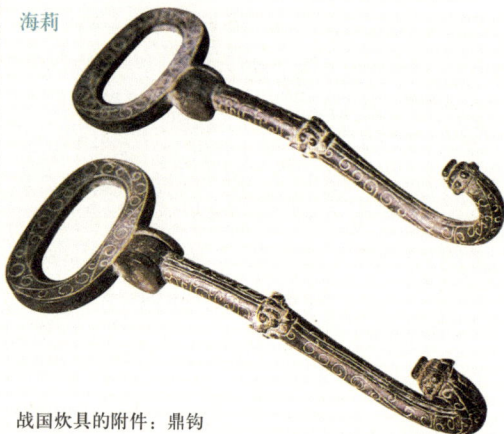

战国炊具的附件：鼎钩
曾侯乙墓的二十件铜鼎大多附有鼎钩。这类铜钩装饰华美，铸造精美，设计也至为先进独到，不仅成批成套出土，而且使用方式与场合也明确无误，是研究炊食具不可多得的实物资料。

> 历史文化百科 ‹

〔四方土特产〕

战国时期，各地因物产的不同，在商品交换中逐渐形成了自己的特色产品。如南方，以木材、矿产、海产与鸟兽著名，有松、梓、櫺、柟、犀、兕、麋、鹿、象、羽、翮、齿、革等；东方以海鲜、海盐和布帛等织物为自己的土特产；西方土特产主要为矿产、鸟兽，有皮革、文旄（牦牛尾）和铁、池盐等；北方土特产为家畜和果树。家畜主要为犬、马、骆驼，果树主要为枣、栗。

《史记·孟尝君列传》
《战国策·齐策四》 故事来源

冯驩买义 冯驩弹铗 关键词

民本 谋略 典故

孟尝君 冯驩 人物

〇四七

弹剑食客

孟尝君田文是靖郭君田婴的儿子，因是王室亲属，又任齐相，且有封地，故名声煊赫。为搜罗人才，以壮大自己的势力，孟尝君养了三千食客，是战国后期有名的"四公子"之一。有个名叫冯驩（huān）的人，家里穷得揭不开锅，听说孟尝君收养大批食客，就拖着一双草鞋，穿着一身破衣裳，腰间佩了把没鞘的剑，来投奔孟尝

冯驩讨债

孟尝君家用匮乏，派门客冯驩去采邑薛城讨债，顺便买点家里缺少的东西回来。冯驩一把火将债据全烧了，回报孟尝君说，所有的钱都替他买了"义"！

君。孟尝君问："先生有何爱好？"答："没甚爱好。"孟尝君又问："先生有何特长？"答："没甚特长。"孟尝君笑了，说："将这位先生安排到传舍去罢。"原来孟尝君门下食客三千，流品参差，孟尝君按食客的才干与名望分成三等，上等的住"代舍"，食有鱼，行有车；中等的住"幸舍"，食有鱼，行无车；下等的就住"传舍"，无鱼无车，只供些粗茶淡饭。

过了一阵子，孟尝君将传舍长叫来询问有什么情况。传舍长说："前些日子刚来的冯先生时常弹剑而歌，唱道：'长剑啊，咱们回去吧，因为食无鱼！'"孟尝君听了说："那就让他住到幸舍去吧。"又过了一阵子，孟尝君将幸舍长叫来询问，幸舍长说："那位从传舍转过来的冯先生经常唱着：'长剑啊，咱们回去吧，因为行无车！'"孟尝君说："那就让他住到代舍去

冯驩弹铗而歌
齐国人冯驩穷困潦倒，寄食于孟尝君门下。后来，冯驩去薛地讨债，烧了债券，说是替孟尝君买了"义"。又为孟尝君献上"狡兔三窟"之计。孟尝君为相数十年，一直平安无事，全仗着谋士冯驩的计谋。此图为清末民初的石印本《东周列国志》插图。

浑然一体的木雕——战国漆绘木俑
这个战国木俑是以木块雕出人体的大概轮廓，再着色，描绘出五官、服饰等等细节，给人浑然一体的感觉。

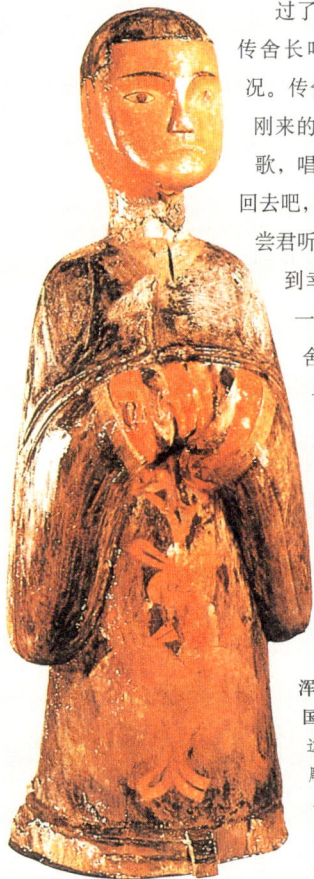

133

吧。"再过了一阵子，孟尝君将代舍长叫来询问，代舍长说："冯先生还在唱：'长剑啊，咱们回去吧，因为我无法养家。'"这下，旁边的人都认为冯谖太过分了，未免贪得无厌。孟尝君让舍长把冯谖请来，问："冯先生家里有些什么人？"冯谖答："还有一位老母亲。"孟尝君点点头，吩咐手下以后按月给冯母送粮食去。从此，冯谖不再弹剑唱歌发牢骚了。

孟尝君缺少什么？

孟尝君养了这么多门客，每天花费浩繁，朝廷给他的俸禄不够用，他就在自己的封地薛城（即今山东滕州市东南）向老百姓放债，收高利贷以补贴用度。时间一长，利越滚越大，借债的人都还不起，孟尝君

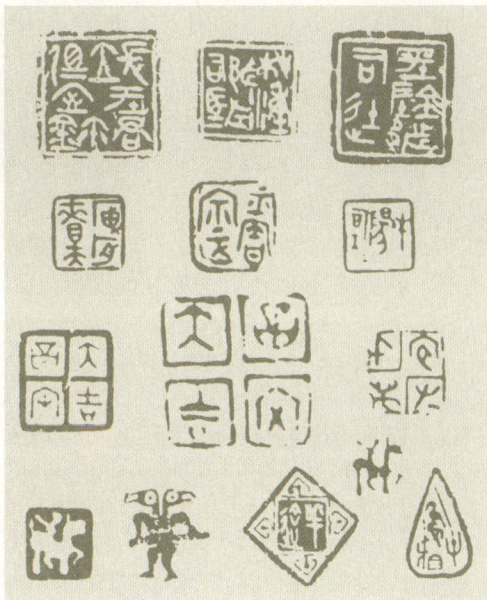

最早的隶书——青川木牍

青川木牍

战国时代玺印盛行

春秋战国时期，各级官员在接受册封赴任时，都需拜受官印，随身携带，作为权力的象征和凭证。玺印还在货物流通方面起到许可证作用。《古玺汇编》一书就选辑了战国古玺5708方，数量相当可观，可见战国时代玺印使用十分盛行。

无法可想，就在大门外贴了一张告示："哪位通晓簿计，能为我到薛地讨债？请报名。"布告贴了几天，三千门客无一应者，冯谖看到了，就在布告上写道："我能。冯谖。"孟尝君得知就是那个弹剑而歌的人，笑着说："看来这位先生还是个能人呢，请他来吧。"于是，为他备好车马，把债据和契约都交给了他。临行时，冯谖问孟尝君："收完债，要买些什么回来吗？"孟尝君想了想，说："你看我家缺少什么就带点什么回来吧。"

借钱人高呼"万岁"

冯谖来到薛城，薛地的老百姓听说讨账的来了，有的四处躲藏，有的托人说情，请缓些时日。冯谖等

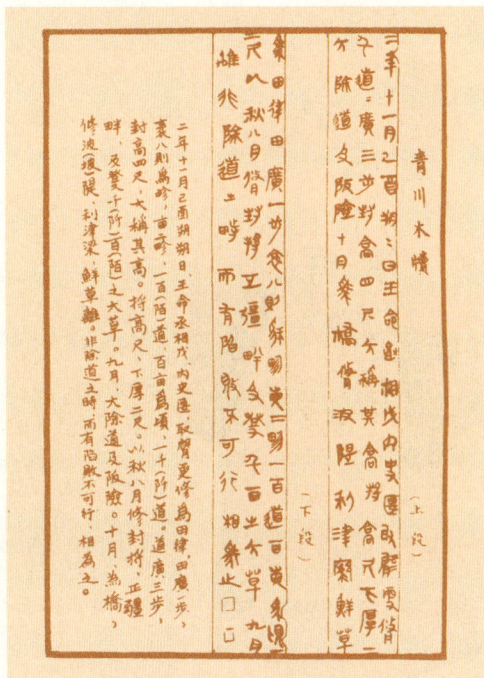

活泼生动的战国陶舞俑
泥质灰陶的舞蹈俑，姿态各异，纯朴可爱，表现了极为高超的制作工艺。山西省长治县分水岭出土。

了好些日子，才收上来十万利钱。冯谖到处找人，都说实在还不出了，别说本钱，连利钱也筹不出来。怎么办呢？冯谖想了一夜。第二天天明，冯谖杀牛置酒，让当地的官吏将所有欠债的百姓都叫来，喝酒吃肉地款待他们。三巡过后，冯谖把契约、债据拿出来，核对完毕，叫人搬来一盆火，当场将这些债据、契约全部都烧了。冯谖对欠债的人们说："孟尝君借钱给你们，原是为了救你们的急，并非贪图你们的利钱。他为了治理齐国，收容了数千名门客，费用太大，俸禄不够用，才不得不让我到这儿来收钱，他也有难处啊！现在我已查明，有钱还债的已经还了，剩下的，能还债还，不能还的全免了，只要大伙记着孟尝君的恩德。"

▷ 历史文化百科 ◁

〔先民的神祇崇拜——八神〕

战国时期齐国人奉祀的八位神祇分别为天主（祠天齐）、地主（祠泰山梁父）、兵主（祠蚩尤）、阴主（祠三山）、阳主（祠之罘）、月主（祠莱山）、日主（祠成山）、四时主（祠琅邪）。祭祀时均以一"牢"（牛、羊、猪各一头）具祠。

"八神"习俗，说明我国古代在佛、道、儒成为宗教之前，先民们的信仰崇拜基本以人格化的自然神为主，也包含了对神人化的力量崇拜。

众人听了激动万分，纷纷趴在地上叩头，连声说："孟尝君真是大恩人哪！"有的甚至激动地高呼："孟尝君万岁，万岁！"

买了义回来

冯谖回到临淄，去见孟尝君，孟尝君问他："债都要回来了？怎么这样快？"冯谖回答："都要回来了。"又问："那你给我带回些什么东西？"冯谖又答："主公曾对臣说：'我家里缺少什么就带点什么回来'，臣以为主公珍宝满屋，骏马满厩，美女多得当丫头使唤。要说缺少的，只剩下一个'义'了，所以臣买了些'义'回来。"孟尝君不解地问："什么是'义'？"冯谖回答道："薛城是主公的封地，地虽不大，却是立足的根基。现在主公非但没在薛地施行爱民措施，反而像商人一样放高利贷盘剥百姓，这岂不是自伤根基？那些一时无力还债的，你逼急了他就逃走；那些根本无力还债的，你就是逼死他也还不出来。所以，臣就假传主公命令：有能力延期归还的，延期归还；无能力归还的，干脆一把火烧了债据。百姓们感激涕零，高呼：'孟尝君万岁！'这就是臣为主公买回来的'义'。"

〇四八

树倒猢狲散

冯谖讨债后大约过了一年，孟尝君因受谗言被齐湣王罢了官。政治场上的斗争向来残酷，得势时可以呼风唤雨，一旦失势，处境就会艰难，跟随他的人也会另找门路。正像俗话说的"树倒猢狲散"，孟尝君一台，三千门客顷刻间四散而去，只有冯谖一人一步不离地跟着他。以往出门时那种百辆车前呼后拥的热闹场面不见了，现在只有孟尝君坐在车上，冯谖驾着车，凄凄凉凉地离开临淄，向自己的封地薛城而去。

冯谖的游说本领

薛城的老百姓听说孟尝君回来了，男男女女，老老少少，有的捧着酒，有的捧着肉，有的拿着鸡和蛋，也有的提着一壶水，扶老携幼，蜂拥出城来迎接他。落难的孟尝君见薛城百姓这样拥戴他，感动得热泪盈眶，对赶车的冯谖说："先生为我买的'义'，今日见到了！"冯谖对孟尝君说："狡兔有三窟才可在急难时免于死亡。为臣替主公买义，只能算是挖了一个洞，还不能高枕无忧，请主公允许臣再给您挖两个窟。"

冯谖乘着孟尝君为他准备的马车，带着礼品来到秦国，这是冯谖心目中的第二个窟。他对秦昭襄王说："成群结队西行来到秦国的天下士子，无不希望秦国强盛；成群结队东去齐国的，莫不希望齐国无敌。秦、齐之间的人才之争已经展开，谁得到的人才越多，谁就是未来的胜利者。眼下齐湣王罢黜孟尝君，不正是

狡兔三窟

受齐王猜忌，孟尝君突然被削职为民，顷刻间陷入孤苦危险中。冯谖连施"狡兔三窟"妙计，孟尝君眨眼间又重获青睐，故友旧客返归，门庭若市。

大王的好机会吗？"秦昭襄王正为樗里疾去世后找不到合适人选出任相国而发愁，听到这个消息不由大喜，马上下令准备最华贵的车马、礼品去薛城迎请孟尝君。

趁秦王张罗之际，冯谖又快马加鞭一路向东来到齐国临淄，这是冯谖心目中的第三个窟。他对齐湣王说："齐秦对峙，其势已成，谁胜谁负，就看各国对人才的拥有和使用，得人才者得天下。臣来临淄的路上，听说秦王的使者带着十辆华车、百斤黄金，以迎请丞相的礼仪，正去薛城，接孟尝君赴秦就任。孟尝君果真当了秦国丞相，齐国就岌岌可危了！"齐湣王已知先前罢黜孟尝君是中了他人的反间计，如今被秦国乘虚而入了，于是急问："如今怎么办好？"冯谖说："大王速速派人去边境截住秦国使臣，宣告孟尝君已被大王官复原职；同时马上派人去薛城迎请孟尝君，恢复他的相国职位，这样既可阻止秦国趁火打劫，又得到了天下士子的归心，岂不一举两得？"齐湣王连忙照办。

"富贵多士，贫贱寡友"

散伙的门客一听孟尝君不但又当了相国，齐湣王还另加封给他一千户的封邑，便纷纷回到孟尝君这里来。孟尝君气愤地对冯谖说："我以前真心实意对待他们，想不到我一落难就离我而

制作精良的战国箭镞
这只箭镞是战国众多制作精美的箭镞之一。箭镞两边各装饰一只鸟，配有一件玉制手柄，它的主人应该是一位贵族。

公元前 335 年

世界大事记　谣传亚历山大死亡，希腊各邦相继宣布独立。亚历山大大兴兵讨伐，毁底比斯城，没其三万居民为奴，其余各邦屈服。同年，亚历山大征服色雷斯、伊利里亚等地。

《史记·孟尝君列传》
《战国策·齐策四》

孟尝君　冯骓
狡兔三窟　谋略　尊贤
民本

人物　典故　关键词　故事来源

前一样礼遇他们。"孟尝君听了，深深地对冯骓鞠了一躬，说："先生教诲得是，田文当谨记在心。"

冯骓既有智谋，又有本领，还懂得人情世故，成了孟尝君最得力的助手。

双豹噬鹿饰牌
战国后期北方游牧民族腰带装饰品。饰牌由首尾相对的两豹组成图案，两豹中间夹持一屈肢小鹿，作争斗厮咬状。牌背面有钮。

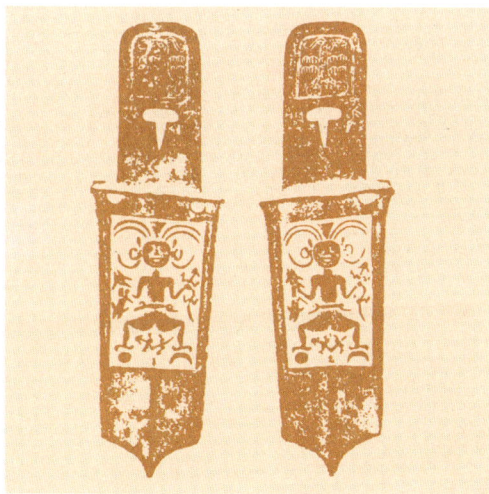

避兵护军的法器
湖北荆门战国墓出土的"兵避太岁"戈的正背两面铸有相同的浅浮雕纹像，像为一神人头戴冠冕，左右分竖双羽，身着鳞甲衣，腰间系带，左手执一蜥蜴，右手执一双头怪兽，双腿呈骑马式，左脚踏月，右脚踏日，胯下横一蜥蜴。戈铭文释为"兵避太岁"。此戈与古阴阳家的避兵之说有关，是一种有方术功能的法器。执此法器可以避兵护军，克敌制胜，所向披靡。

去，今天怎好意思再来见我？"冯骓劝慰他说："主公不必过于在意，富贵多士，贫贱寡友。世道原是如此。您看早上集市开放时，众人挤着往里走；日暮市场关闭时，人人都掉头而去。利之所趋，就是人们行事的法则，怪不得他们的。主公重新出任相国，正是用人之际，希望不要为了一时气恼而闭塞了用人之路，请主公仍像以

战国装饰品：琉璃大料珠（上图）
战国时期的装饰品料珠，用琉璃（原始玻璃）制作，嵌色，呈紫色，饰浅蓝色"蜻蜓眼"式的工艺品。该料珠的发现对研究琉璃制品的发展提供了线索。

> **历史文化百科**
>
> **〔交通工具的长足进步〕**
> 　　战国时期各诸侯国和各地区间商品交换的需要，促使交通工具的制造有了长足进步。当时航行于岷江、长江中的舫船，已能乘载五十人及足够吃三个月的粮食，顺流而下，日行三百里。墨子制造的车，可"任五十石之重"。公元前289年，秦将司马错攻魏，在河雍与孟津之间架起了黄河历史上的第一座浮桥。这些船、车、桥的制造极大地推动了当时交通运输的发展。

平原君杀美赔礼

战国后期，一些卿相为搜罗人才，作为自己的智囊团，纷纷收养贤士。当时著名的人物，赵国有平原君，齐国有孟尝君，魏国有信陵君，楚国有春申君。由于他们地位显赫，交游广阔，又有许多礼贤下士的故事，因而名声日盛。据说有一天，一个瘸子挑水经过平原君府，住在临街画楼上的一名宠妾见了觉得滑稽，不由大笑起来。瘸子第二天上府找平原君论理，平原君安抚他几句把他打发走了，侧头笑着对身边的贤士们说："这算个什么东西，不过一笑就要我惩处美人！"想不到这句话不胫而走，贤士们纷纷不告而别，说："平原君爱色轻士，此处不宜久留。"平原君大惊，毅然杀掉那名美妾，又亲自登门向瘸子赔礼道歉，贤士们才又陆续回来。

孟尝君更胜一筹

消息传到秦国，秦昭襄王击节赞叹，对大夫向寿说："平原君真是难得的贤相啊！"向寿点头称是，不过又说还比不上孟尝君。他见秦昭襄王不了解孟尝君，就详细介绍说："孟尝君田文子承父业，继承

慕名求相

秦昭襄王羡慕孟尝君的声名，想用自己的弟弟去换取孟尝君。结果人来了，又消受不了，疑忌丛生，于是下令派兵看守，把宾馆变成了牢房。

薛地，人称薛公。他广起宾舍，招待天下俊彦豪杰，凡投奔他的不分贵贱都一一收留，门客多达数千人。人多费用大，伙食质量不得不有所下降。有位门客嫌伙食不好，见孟尝君四周围着几个人吃得正香，便怀疑孟尝君自己吃好的，一怒之下扔了筷子就走。孟尝君得知后忙让这位门客过去看自己的饭菜，原来同大伙的并无二样。这件事情传出去，天下贤士更纷纷投奔到孟尝君门下。"秦昭襄王听了不由钦佩而向往，由向往而羡慕，呆了半晌，一本正经地问向寿："寡人如何才能将孟尝君请到秦国？"向寿想了想说："大王可否送一位至亲子弟去齐国作人质，提议齐王将孟尝君送来秦国。到时，大王拜孟尝君为相，齐王自然投桃报李，这样，大王不仅可以得到孟尝君，还可与齐国结成同盟。"秦昭襄王一听有

漆器精品——彩绘透雕座屏

这件座屏是战国中期漆器，两端着地，中间架空，造型十分精美。底座有蛇、蟒浮雕，正中长方形框中透雕着各种动物。整体作品共大蟒20条、小蛇17条、蛙2只，还有鹿、凤、雀各2只，总共51个动物，真是令人目不暇接。在颜色上，黑、灰、朱红、金、银等色相间，堪称当时漆器中的精品。

公元前 3 3 4 年

世界大事记

亚历山大任命安蒂帕特为希腊总督，亲征波斯。

《史记·孟尝君列传》《资治通鉴·周赧王十七年》

孟尝君
秦昭襄王
平原君

慕名换相
猜疑 尊贤

人物 典故 关键词 故事来源

战国巫师形象（上图及右图）

中国上古社会，巫师享有崇高的地位，因为巫师能感召神明，沟通人与神。巫师形象在古代纹像中多有所见。江苏淮安高庄战国墓出土一批珍贵的刻纹青铜礼器，器上巫师形象是当时流行的巫术形式的折射。巫师手中的矛即为与神沟通的法器，而蛇、兽、鳄亦属于巫术成分。其中巫师驭兽拉龙舟形车的纹饰，表示巫师乘龙上天，具有沟通天地的含义。

理，当即决定派自己的嫡亲弟弟泾阳君到齐国去换取孟尝君。

带着门客来到咸阳

泾阳君带着秦昭襄王的诏书到了齐国。开始，孟尝君有些犹豫，生怕到秦国后会有不测之祸。后来，在齐湣王的支持下，孟尝君带着上千名门客，乘着一百多辆马车，浩浩荡荡来到咸阳。这时，泾阳君也已回到秦国。秦昭襄王见孟尝君带着这么多门客一起来到秦国，大喜过望，立即下令设宴款待。孟尝君行过礼后，让随从奉上一件名贵的白狐皮袍作见面

礼。昭襄王一试，又合身又华美，如玉树临风，似轻云出岫，围观的大臣们轰然喝彩。秦昭襄王得意非凡，立即任命孟尝君为秦相。

座上客沦为阶下囚

孟尝君当秦相引起了秦国大臣们的恐慌与妒忌，有人便乘机对秦昭襄王说："孟尝君乃齐国贵族，与齐王室血脉相连；其手下一帮门客又全是中原人，对秦国东进政策恐有抵触。孟尝君当了秦相国，既握有秦国的权柄，又有千余门客相助，万一有异心，对秦国大大不利啊！"秦昭襄王心里不由格愣一下，

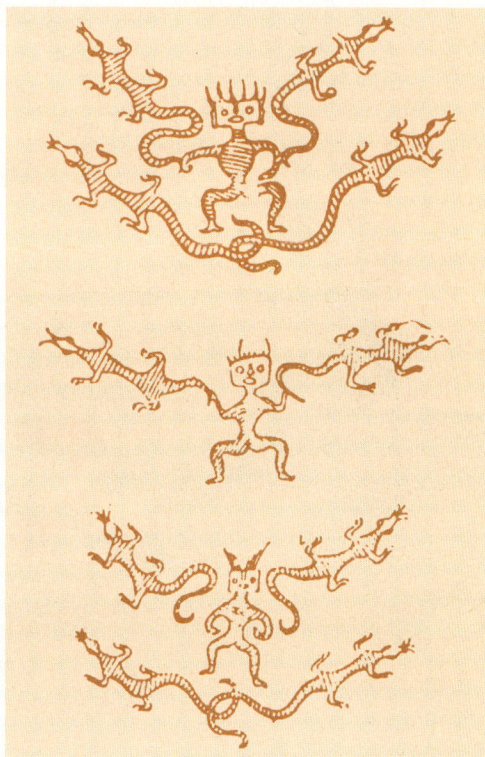

139

中
国
大
事
记

魏公孙衍发动魏、赵、韩、燕、楚五
国合纵攻秦，推楚怀王为纵长。三晋
出兵，败于函谷关。

错金双翼铜神兽

140

> 历史文化百科 <

〔埋没的函谷关遗址〕

　　1987年，陕西省有关方面在灵宝境内初步勘定了秦国函谷关遗址。秦函谷关是一条长达五公里多的深谷，东接宏农涧，西抵黄河边。谷底路土至今犹存。在古道东头王垛村附近的断崖上发现了战国时期的城墙夯土层与一个箭镞储藏窖，箭形制为铜镞铁铤。经调查，初步勘定了函谷关城楼的方位及城墙的走向。

　　最初的兴头过了，现实的利害又占了上风。他想：孟尝君既不宜作秦相，送回去也不妥。孟尝君一行来秦国时间已不短，众门客四处广结交游，秦国内情怕早已了然在胸，怎能放虎归山？既不能用，只有杀了，以免后患！于是，秦昭襄王下令把孟尝君一行软禁起来准备把它们杀了。没过多长时间，座上客变成了阶下囚。孟尝君悔恨自己，因为考虑不周，才落到如此地步。

战国铜车轴、带钩、马衔
西周到战国，战车部队成了战场上的主要兵种。战车由四马一车组成，可以乘三个甲士，分别负责驾车、格斗、远射，装备也各不相同。此处的铜车轴、带钩、马衔，都是战车上的用具。

典雅精致的战国彩绘陶壶
细长颈、扁圆腹、圈足的细泥彩陶器，表面有红、白彩绘。山东淄博市临淄大武电厂出土。

> 历史文化百科 <

〔先秦中医诊断法：五色诊〕

　　五色诊是战国时期流行的中医诊断法之一，由望诊法结合五行学说形成。大体是将五色同人体器官、方位、病因相般配，由人体的某些特定部位，如脸面、口舌等呈现的颜色进行诊断。它与切脉法相结合，提高了诊断的准确度。

141

○五○

狗盗鸡鸣

扮装成狗去偷盗，学鸡鸣叫骗开城门，急难中孟尝君手下奇人效力，终于将孟尝君从秦国虎口中救回齐国。

钟情白狐皮袍

孟尝君被秦昭襄王软禁了起来，便和门客商量如何解脱的办法。门客认为，现在只有求助于秦昭王的姬妾，找其他人帮忙都是徒然。于是，孟尝君便派人到宫中去找秦昭王宠爱的燕姬。这燕姬体态轻盈，平日里最喜欢漂亮衣饰，见孟尝君有求于她，不禁想起孟尝君送给秦昭襄王的白狐皮袍，便说："让他也送我一件白狐皮袍子，我就设法救他。"孟尝君听说秦昭王宠姬也

要白狐皮袍，叫苦不迭："那件白狐皮袍毛深二寸，纯白如雪，天下无双，仅此一件，已送给秦王，我哪里再去找同样的一件呢？"

妙在窃术高超

孟尝君为再寻找一件白狐皮袍而发愁，一筹莫展。他问门客对策，都无法可想。忽然，坐在最下边其本领是能像狗一样作偷盗的门客举手发言说："臣能得白狐皮袍。"孟尝君见此情景，像是遇到了救星，立刻高兴起来。原来这门客是小偷出身，偷技高超，心想现在大热，秦王不穿皮袍子，必然保存在府库中，偷出来并非难事。于是，这位小偷门客假装闲逛，与把守府库的官吏混熟了，把库房环境踩摸得一清二楚。这天天黑，门客取出特别的夜行狗衣，从府库的狗洞中潜入库房，守夜的士兵听得响动过来察看，门客"汪、汪、汪"装作狗叫，士兵以为是守库的狗在叫，就走开了。狐皮袍子顺利地回到孟尝君手里，得到皮袍子的燕姬满心欢喜地替孟尝君当说客，那秦昭襄王挡不住燕姬的软磨硬缠，就将出秦过关的文书让人交给孟尝君，将他们放了。

孟尝君逃出秦国
秦王对孟尝君十分猜忌，免去了孟尝君的丞相职务，并把他拘押起来，准备杀掉。孟尝君在门客的保护下，连夜东逃。图为孟尝君出关门。此图为清末民初的石印本《东周列国志》插图。

> 历史文化百科 <

〔秦国东部的军事要塞武关、函谷关〕

战国时期秦国构筑的两个军事要隘。武关在今陕西丹凤东南。公元前299年秦昭襄王诱捕楚怀王即在武关。从武关至咸阳路途险峻，绵延几百里，直到蓝田才开始进入平坡，所以自古被视为险隘。

函谷关在今河南灵宝东北，因关城深居谷中，封险如函，故称函谷关。函谷东起崤山，西至潼津，东西十五里，绝崖壁立，崖上柏林森森，不见天日，号为天险。公元前241年（秦王政六年），楚、赵、韩、魏、燕五国"合纵"攻打秦国，在函谷关被击溃。

公元前333年

世界大事记

亚历山大与波斯王大流士三世会战于伊索斯城，大破之，旋又降服腓尼基（推罗城除外）。大流士致信亚历山大，愿割地求和，遭亚历山大拒绝。

孟尝君　秦昭襄王

犹豫　机智

鸡鸣狗盗

《史记·孟尝君列传》《资治通鉴·周赧王十七年》

人物　典故　关键词　故事来源

龙凤合璧刺绣花纹

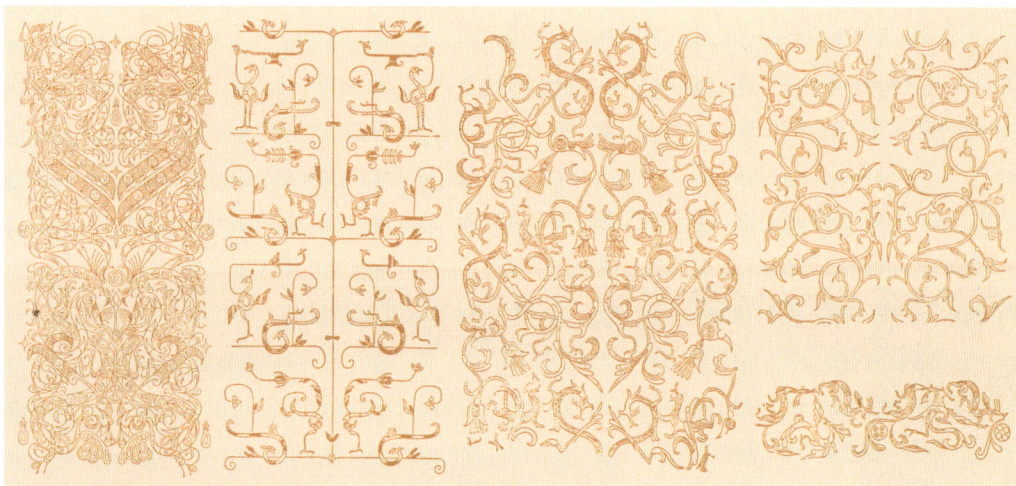

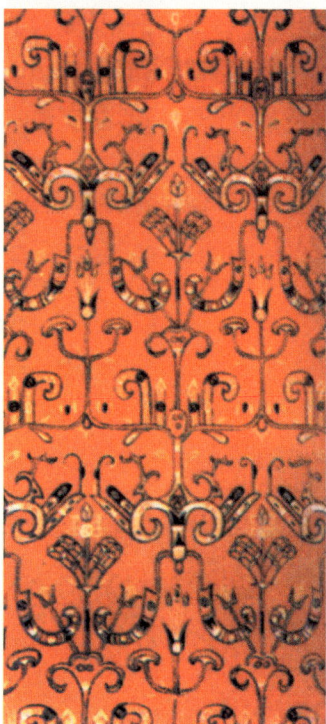

战国时楚人喜欢使用龙凤合璧的图案，取其阴阳交合以示吉祥。湖北江陵马山一号楚墓出土的刺绣品上，人们看到许多龙凤合璧图案。这些刺绣品刺绣花纹的主题是龙和凤，形态各异，绝不雷同，有蟠龙飞凤、舞凤飞龙、龙凤合体、舞凤逐龙等等。

神奇口技救命

孟尝君如脱网之鱼，带着众门客昼夜兼程向函谷关赶去，半夜时分赶到函谷关，关门早已紧闭。按照秦律规定，关门须到鸡叫时才能开启，孟尝君心急如焚，他深知凭燕姬要来的释放令并不牢靠，一旦外朝的官员知道，一定会劝阻秦昭襄王收回成命，追杀令就会接踵而至。要是这样，他们此时等候开关无异是等死！正在孟尝君焦急万分时，门客中有个会口技的，捏着鼻子学起了鸡啼，一声接一声的啼声把鸡叫醒了，"喔喔喔！""喔喔喔！"东一声西一声地跟着啼了起来。守关的士兵听得鸡啼，迷迷糊糊爬起来，打开关门，验过关防，将他们放出了关。

孟尝君的眼光

过了一会，秦昭王后悔把孟尝君放了，到馆舍一看，已是人去馆空，便马上下令甲士追赶。就在孟尝君一行刚刚出关不久，追兵便抵达了函谷关。甲士将领向守关士兵描述了一遍孟尝君的长相、门客的人数和车马的样式，守关的士兵回说："就在你们到来前出关了！"将领大吃一惊，说："我们到这里天还没亮呢！难道你们半夜里就打开关门了吗？"守关士兵懵

143

懵懵懂懂地说："今天好像鸡叫得特别早，许久之后东方才微微发白！"将领问："现在还追得上吗？"守关士兵答："哪里还追得上？恐怕早在百里之外啰！"

逃出秦国的孟尝君，此时心怀舒畅，又像往常一样谈笑风生。回想从前，孟尝君要收留会鸡鸣和会狗盗的两人为宾客，其他宾客都感到羞与为伍。这次孟尝君在秦遇难，全靠此二人才得以脱险。从此以后，宾客们都佩服孟尝君的眼光了。

带有楚地风格的玉鼓形佩
鼓形佩造型生动新颖，雕琢精致，小巧玲珑。从整体形象上看，颇似楚墓中经常出土的虎座鼓，带有明显的楚地风格，是一件不可多得的艺术珍品。

聚焦：公元前 403 年至公元前 221 年的中国

秦汉以后历代统一的王朝，所有政治和经济的重要制度，都是沿袭战国时代的成就而有所发展，同时文化和学术也是继承战国时代的趋势而有所变革。战国时代九流十家的思想，对后世有着深远影响。

杨宽

尽管学术界对这一时期的历史有各种不同的认识和解释，没有人能够否认，东周到秦代是一个伟大的变革时期。假设我们以这五百多年的两端——两周之际和秦汉之际——作一对比，不难发现其社会、经济、政治、文化无不有极为明显的变化。因此，我们要深刻地了解这个时代，必须用变革的观点去观察其间的历史脉络。

李学勤

春秋以降，弑君三十六，亡国五十二，诸侯奔走，不得保其社稷者，不可胜数。乡之父子相传，以持王公取禄秩者，至此盖多降为平民，而在官之学，遂一变而为私家之学矣。世变既亟，贤君良相，竞求才智以自辅；仁人君子，思行道术以救世；下焉者，亦思说人主，出其金玉锦绣，取卿相之尊。社会之组织既变，平民之能从事于学问者亦日多，而诸子百家，遂如云蒸霞蔚矣。

吕思勉

战国时期，封建制度战胜了奴隶制度，社会经济得到迅速发展，阶级关系也有了重大变化，于是，一切旧观念、旧思想和旧的生活习惯，都发生了动摇。一个相应的变化在思想领域也涌现了出来……诸子百家代表不同的阶级、阶层和集团的利益，从不同的角度摄取当时的文化知识，著书立说，广收门徒，互相诘辩，形成"百家争鸣"的繁荣局面。

郭沫若

战国时代的历史，从表面上看来，是"七雄并峙"的历史，但是，"七雄并峙"之历史内容，正是当时各大封区的经济发展达到了平衡状态之政治的表现。

翦伯赞

文苑泰斗，学术名家，聚焦于公元前403年至公元前221年的中国。他们以宏观或者微观的独到眼光，对春秋社会的政治经济和社会文化的各个层面作了深入浅出、鞭辟入里的解析。这些凝聚了高度智慧的学术精华，历经岁月洗礼，常读常新，是我们走进中国历史文化殿堂的引路人。

故战国虽为极残暴极混乱之时，然亦可谓极平等极自由之时。有挟策以干时者，有隐居而遁迹者。王公贵人不屈己以求士，士不之附；即屈己以求之，亦有终不可得而屈者。而贵贱之位乃相反，此亦他国史策所罕见者也。

柳诒徵

春秋时代最伟大的思想家是孔丘，战国时代最伟大的思想家是墨翟。孔子给春秋时代以光彩的结束，墨翟给战国时代以光彩的开端。

张荫麟

战国将近二百年的长期战争，本质是地主政权代替领主政权的战争，是家族制度代替宗教制度的战争，是中央集权的统一国家代替诸侯割据称雄的战争。秦国取得战争的最后胜利，是历史发展的一个伟大成就。

范文澜

战国时期的文化，由于经济发展和思想解放的原因，发展到了我国有史以后的高峰，它不仅成为我国后来两千多年封建文化发展的基础，在古代世界文化宝库中也是光辉灿烂的一部分。

金景芳

"士"大多是古代的知识分子，对于当时的政治文化起着相当作用，从中产生了一些思想家、教育家、科学家、政治家、军事家，留下了不少著作，是我国宝贵的历史遗产的一部分。

尚钺

由于旧中国时代各个区域间日益加强的交换，由逐渐增长的商品流通，由各个不大的地方市场集中为一个全中国市场，引起了列国的融合、统一和民族的联系、形成。

李亚农

图书在版编目（CIP）数据

列国争雄（上）/陈祖怀著 . —上海：上海锦绣文章出版社，2014.2
（话说中国：普及版）
ISBN 978 - 7 - 5452 - 1278 - 5
Ⅰ.①列… Ⅱ.①陈… Ⅲ.①中国历史—战国时代—通俗读物
Ⅳ.①K 231.09
中国版本图书馆 CIP 数据核字（2013）第 062587 号

责任编辑　　秦　静　李　欣　顾承甫
特邀审订　　杨善群
特邀审读　　王瑞祥
特邀编辑　　王建玲　侯　磊　刘言秋　李曦曦
整体设计　　袁银昌　李　静
摄　　影　　徐乐民　麦荣邦
电脑绘画　　严克勤　王　伟
图片整理　　居致琪
印前制作　　北京世典华文文化传媒有限公司　邵海波
印务监制　　张　凯　黄亚儒

书名
列国争雄（上）
　　——公元前 403 年至公元前 221 年的中国故事
著者
陈祖怀
出版
上海锦绣文章出版社 · 上海故事会文化传媒有限公司
发行
北京世典华文文化传媒有限公司
电话：010—62870771
传真：010—62874452
地址：北京市海淀区红山口甲 3 号 209 楼 14 号
邮编：100091
公司网址：http://www.sdhwmedia.com
电子邮箱：shidianhuawen@sina.com
印刷
北京爱丽精特彩印有限公司印刷、装订
版次
2014 年 2 月第 1 版　2016 年 1 月第 2 次印刷
规格
787 × 1092　1/16　印张 9.5
书号
ISBN 978 - 7 - 5452 - 1278 - 5/K · 453
定价
35.00 元

告读者　　如发现本书有质量问题请与印刷厂质量科联系 T:010—84311778